赢在基层

精益班组长的六项修炼

刘秀堂 ◎ 著

Win at the Grassroots

中国纺织出版社有限公司

内 容 提 要

本书围绕企业基层管理人员的能力成长,在培养的过程中如何向精益人才转型的问题进行阐述。企业基层班组长从传统班组长转变为精益班组长的培养应该从六个维度开展,即岗位能兑现、登台能演讲、日常能管理、细节能控制、对屏能操作、现场能改善。本书结构逻辑清晰,内容丰富、通俗易懂,彰显实用性与科学性,对企业基层班组长的培训与能力提升起到辅导作用,具有参考价值和一定的出版意义。

图书在版编目(CIP)数据

赢在基层:精益班组长的六项修炼 / 刘秀堂著. -- 北京:中国纺织出版社有限公司,2024.4(2025.4重印)

ISBN 978-7-5064-9969-9

Ⅰ. ①赢… Ⅱ. ①刘… Ⅲ. ①班组管理 Ⅳ. ①F406.6

中国国家版本馆CIP数据核字(2023)第172285号

责任编辑:段子君　周亚纯　责任校对:高　涵
责任印制:储志伟

中国纺织出版社有限公司出版发行
地址:北京市朝阳区百子湾东里A407号楼　邮政编码:100124
销售电话:010—67004422　传真:010—87155801
http://www.c-textilep.com
中国纺织出版社天猫旗舰店
官方微博 http://weibo.com/2119887771
河北延风印务有限公司印刷　各地新华书店经销
2024年4月第1版　2025年4月第2次印刷
开本:710×1000　1/16　印张:14
字数:192千字　定价:68.00元

凡购本书,如有缺页、倒页、脱页,由本社图书营销中心调换

引言

2012~2021年，我国民营企业数量从1085.7万户增加到4457.5万户，10年的时间，民营企业数量翻了两番，民营企业在企业总量中的占比由79.4%提高到92.1%，民营企业就业存量占比近80%，是就业的主要承载主体。国务院、工信部在2021年推出了很多措施，为"专精特新"中小企业办实事。

民营企业数量越来越多，但是，在企业管理的发展长河中，民营企业的管理水平并没有齐头并进。在最近的3~4年咨询管理过程中，发现了一个非常重要的问题，中小民营企业的老板不是特别重视对于管理人员的培养，尤其是基层班组长的培养。班组长一般是由一线员工提拔上来的最基层的管理干部，没有接受过任何管理理念的培训，任由他们自由发挥，如果发挥得还不错，那么班组就交给他们进行管理，如果管理得不好，没有及时地完成生产任务，一般情况下，是让班组长离开管理岗位。虽然班组长看起来职位很小，没有很大的权限，却需要具备一定的综合管理能力。俗话说，麻雀虽小，五脏俱全，班组管理中涵盖了人员管理、物料管理、设备管理、方法管理、现场5S管理等方面的内容，这就要求班组长必须具备管理这些要素的能力。笔者在做管理咨询项目的过程中，与班组长沟通时了解到，很多情况下班组长不知道如何提升自己的能力，也不知道从什么渠道获取学习的知识，更不知道自己目前欠缺哪些能力。面对这"三个不知道"，很多企业老板的态度都是做不了走人，我的企业不是来培养人的，也没有时间去培养他们。

　　其实，这样的局面，很多情况下是由于企业高层领导没有意识到基层班组长在企业中的重要性而导致的片面化的认知。当然，也有很多企业高层领导意识到班组长培养的必要性，但是从整体比例来看，这样的企业高层领导还是比较少的。从最近1~2年的培训市场终端呈现的结果看，班组长培训课程的比重越来越高，呈现出曲线上升的趋势，从这个层面来看，企业也越来越重视基层班组长的培养了。那么，对于班组长，应该从哪些方面进行培养呢？不同的企业有不同的需求，一定要因地制宜、因企而异。综合来看，企业基层班组长应该从基层管理层面进行培养，专业产品知识和技术内容一般需要企业人员自行开发课程进行培训。

刘秀堂

2023年3月23日 写于苏州

目录

第一章　蜕变路径：岗位能兑现

第一节　班组长的核心位置……………………………………2

第二节　班组长的岗位职责……………………………………5

第三节　班组长的核心指标……………………………………10

第四节　班组长的标准作业……………………………………20

第五节　班组长的素质特征……………………………………27

第二章　蜕变路径：登台能演讲

第一节　班组的早会管理………………………………………32

第二节　班组交接班管理………………………………………46

第三节　班组的晚会管理………………………………………48

第四节　班组长的沟通技巧……………………………………49

第三章　蜕变路径：日常能管理

第一节　班组的日常管理………………………………………66

第二节　现场的管理标准………………………………………75

第三节　班组的产能计算………………………………………86

第四节　班组长稽核能力………………………………………98

第五节　问题的重新认知………………………………………105

第六节　解决问题的流程………………………………………112

第四章　蜕变路径：细节能控制

第一节　现场的 5S 管理 ……………………………………116
第二节　现场的 4M 管理 ……………………………………122
第三节　现场的异常管理 ……………………………………124
第四节　班组的员工管理 ……………………………………128
第五节　班组的日报管理 ……………………………………141
第六节　班组的周报管理 ……………………………………143

第五章　蜕变路径：对屏能操作

第一节　班组的精益生产看板 ………………………………146
第二节　班组的质量管理看板 ………………………………155
第三节　班组的异常管理看板 ………………………………159
第四节　班组的数字化系统 …………………………………162
第五节　班组长的办公技能 …………………………………166

第六章　蜕变路径：现场能改善

第一节　精益的初步认知 ……………………………………174
第二节　浪费的核心内容 ……………………………………185
第三节　提案改善的方法 ……………………………………199
第四节　班组的人才育成 ……………………………………209

参考文献

后　记

第一章
蜕变路径：岗位能兑现

岗位能兑现：基层班组长在班组长这个岗位上，必须要了解的是：班组长应该做的事情有哪些？针对班组长的工作内容，具体落实到班组长岗位上的指标如何进行兑现？一个优秀卓越的班组长应该具备哪些能力？岗位能兑现强调的是班组长要认清自己在企业中的位置并掌握自己岗位的职责，反思自己的能力现状，寻找差距，并将自己的管理能力通过企业赋予班组的指标兑现出来，进而不断的向精益班组长迈进。

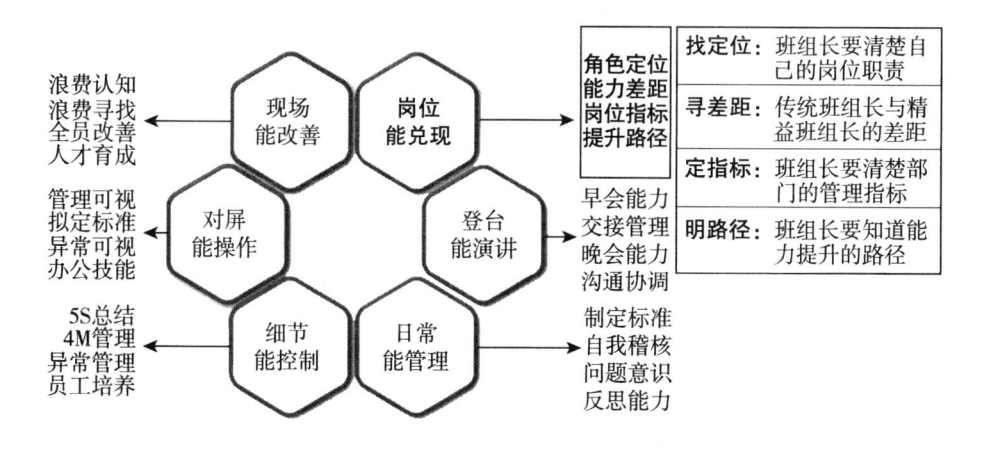

角色定位 能力差距 岗位指标 提升路径	找定位：班组长要清楚自己的岗位职责
	寻差距：传统班组长与精益班组长的差距
	定指标：班组长要清楚部门的管理指标
	明路径：班组长要知道能力提升的路径

现场能改善：浪费认知、浪费寻找、全员改善、人才育成

对屏能操作：管理可视、拟定标准、异常可视、办公技能

细节能控制：5S总结、4M管理、异常管理、员工培养

岗位能兑现

登台能演讲：早会能力、交接管理、晚会能力、沟通协调

日常能管理：制定标准、自我稽核、问题意识、反思能力

第一节 班组长的核心位置

一、组织的概念

从广义上说，组织是指由诸多要素按照一定方式相互联系起来的系统。

从狭义上说，组织是指人们为了实现一定的目标，互相协作结合而成的集体。

无论是广义还是狭义的定义，我们应该关注的重点都是"一定方式"和"一定的目标"，也就是说，一个群体有一个大方向上的共同目标才可以称为一个组织，而想要实现这个共同目标需要人们一起合作。所谓合作也就是在计划过程中，如果能有比各自工作总和更大的力量、更高的效率，就应当根据不同的工作要求和能力安排工作岗位、完善制度，使其效率最大化。合作则需要协调，也可称为管理。管理的对象是组织，所以说组织是管理的载体。一个组织想要实现目标，就需要通过管理的手段实现协调，达到效率最大化。我们说一个组织如果出现了问题，一定是管理出了问题，就好像我们没有到达目的地一定是因为走错了路。所以说管理是组织实现目标的途径。

一个组织若没有管理，人人都按照自己的方式方法做事，那就不能称为组织。只有有了有效的管理，人尽其责，物尽其力，才称为组织。所以管理是一个群体演变成组织的表现，即有了管理行为的群体才称为组织。而组织的性质又决定管理的方向。

总的来说，管理和组织关系密不可分，组织决定管理的方向，而管理决定组织目标如何有效实现。

组织管理有以下 5 项基本原则：

1. 适度管理幅度原则

管理幅度也称为管理跨度，是指一个上级管理者直接管理的下属的人数，对于班组来说，就是一个班组内的人员数量。适度管理幅度原则要求一个领导者要有一个适当的管理幅度。

与管理幅度密切相关的一个概念，即管理层次，它是指组织中职位等级的数目，一般情况下，管理幅度越大，管理层次越少，反之，管理幅度越小，管理层次越多。一般来讲，中高层的管理幅度 4~8 人为宜，基层的管理幅度 10~20 人为宜。目前企业很多班组的管理幅度都超过 30 人，甚至达到 40 人，其实这是一个不合理的现象，组长是没有那么多的时间与精力去管理这么大的幅度的。

2. 统一指挥原则

统一指挥原则就是指组织中任何下级不应受到一个以上上级的直接领导，执行这一原则应注意两个方面：一是切忌多头领导，不要越级指挥；二是指挥要迅速、及时和准确。组长管辖的范围就是自己的组员，同时，一线员工的直接上级领导只有组长一个人。

3. 分工与协作原则

分工与协作原则就是指在组织设计时，按照不同专业和性质进行合理分工，并规定各个部门之间或部门内部的协调关系和配合方法。这也是提高组织运行效率的有效手段。对于组长这个岗位来说，就需要每天将工作任务进行分解，分解到每一个员工每天做什么工序，工序之间如何有效地传递。运用精益的思想来说，就是如何有效地实现产品的流动，不堆积在制品，以达到快速产出。

4. 责权一致原则

责权一致原则是指赋予每一个职务责任的同时，必须赋予这个职务自主完成任务所需的权力，权力的大小需要和责任相对应。有责无权，是无法保证完成所赋予的责任和任务的，有权无责将会导致权力的滥用。对于班组长这个岗位来说，班组长需要对班组内人员、物料、设备、方法、环境等要素进行合理管控与调配，确保按时按量完成工作任务。

5. 精简与效益原则

任何一个组织的设计，都要有利于提高组织的效率。因此，必须尽量精简组织结构，包括精简人员、部门、管理层次等。扁平化的组织有利于上下级建立良好的沟通，降低管理内耗，从而提升组织效益。对于班组长这个岗位来说，班组内不会过多地设置一些其他岗位，如有必要，可根据需要设置助理、多能工、物料员等岗位，这些岗位是由于班组人员数量过多、生产任务过重而产生的。

组织管理有 5 项基本原则，那么，是不是有一种正确的组织形式呢？其实，不存在某一种唯一正确的组织形式，组织不是一种绝对的东西，而是一种能使人们富有成效地组合在一起工作的手段。同样，某一特定的组织形式只能在某些条件下和某一时期内适合完成某些任务。当这些任务完成后，这个组织可能就不复存在。

对于公司内部的班组长这个岗位来讲，班组长必须清晰地知道自己的组织在哪里，以及自己处在组织结构中的哪个层级，公司赋予班组长这个岗位的权力与责任是什么。当我们了解清楚这些基本信息后，才有意愿和能力去完成公司赋予我们的任务。

二、班组长的核心位置

班组是企业组织生产活动的基本单位，是企业最基层的生产管理组织。企业所有以生产活动都在班组中进行，班组工作的好坏直接关系企业经营的成败，只有班组充满生机，企业才会有旺盛的生命力，进而不断地创造价值，在激烈的市场竞争中长久地立于不败之地。

在当今的企业中，一般情况下，经营型的制造企业从纵向结构上划分为：经营层、管理层、执行层，如图 1-1 所示。

```
        经营层
      管理层
    执行层
```

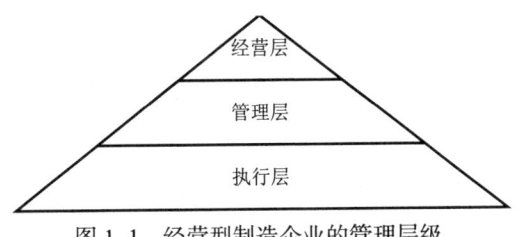

图1-1 经营型制造企业的管理层级

经营层一般指的是公司的董事长、总经理等职位的人群，负责制定公司整体战略。

管理层一般指的是部门总监、经理、车间主任、课长等，负责制定所属部门的职能和指标。

执行层一般指的是最基层的管理者，一般在企业中称为班长、工段长、组长、领班等。

作为最基层的管理者，班组长是企业管理的基石，有非常重要的地位和职责。

班组长岗位的特征是：岗位不高、职责不少，关系不杂、关联很大，麻雀虽小、责任不少，虽有权力、但有权限。

在一个班组里最高的领导者就是班组长，所以说班组长是整个班组生产管理的直接指挥者，也是企业中最基层的负责人，属于兵头将尾，是非常重要的角色。所以，一个优秀的班组长显得尤为重要，优秀的班组长既要能充分地调动班组全员的主动性和积极性，也能合理地安排人力、物力等资源，做到按时、按质、按量地完成班组上级领导下达的生产任务，从而为公司创造更多的产品附加价值。

第二节　班组长的岗位职责

一、岗位职责

明确了班组长在组织中的位置后，就需要明确班组长在组织中的作用和职责，如果不能够赋予班组长明确的职责，班组长很可能对自己所处的位置和应该做的工作没有清晰的认知，最终就会导致有些工作没有完成。

班组长既是产品生产的组织领导者，也是直接的生产者。所以班组长必须赋予整个班组一个使命，这个使命是一个组织最根本的任务。班组长的使命就是在生产现场组织班组全员生产产品并为企业创造利润。班组长的使命通常包括四个方面，用指标总结就是QPCS。

1. 提高产品质量（Q）

产品质量关系公司的市场和客户，班组长要为带领员工按时按量地生产高质量的产品而努力。

2. 提高生产效率（P）

提高生产效率是指在同样的条件下，运用精益的工具方法创造更多产出，但却使投入生产要素不断减少，生产出更多更好的产品。

3. 降低成本（C）

降低成本包括原材料的节省、能源的节约、人员的减少、不良的降低等。

4. 防止工伤和重大事故（S）

有安全不一定就有一切，但是没有安全就没有一切。很多事故都是由于违规操作造成的，一定要坚持安全第一，防止工伤和重大事故，具体包括努力改进机械设备的安全性能，监督职工严格按照操作规程办事等。

班组长是企业中庞大基层队伍的直接领导，因此班组长综合素质的高低决定了企业方针能否顺利地实施，同时班组长是否尽职尽责也至关重要。

每个公司赋予班组长的职责会有所不同，但是核心的一些内容，也就是班组长关注的重点是一样的，这个内容不会变，也不应该变，如表1-1所示。

表1-1 班组长职责维度表

班组长职责维度	具体工作内容
人员管理	人员信息管理、人员技能管理、人员考勤管理、人员安全管理
生产管理	按时按量按质完成计划下达的生产任务

续表

班组长职责维度	具体工作内容
设备管理	熟悉设备操作，及时对设备进行点检保养
物料管理	确保物料安全放置，过程流动中尽量保存尽可能少的在制品
质量管理	过程中进行抽检，确保员工按质操作，保证按照规定良率产出
安全管理	保证生产过程中物料安全、设备安全、人员安全
5S管理	按照班组内的5S标准进行维护，确保现场5S持续提升

表1-2是为一个企业的班组长制定的职责表，供参考。

表1-2 班组长的工作职责

阶段	项目	内容	呈现载体
工作前要做的事情	检查事项	检查当天的生产明细表及生产订单，检查需要的设备是否正常运行，检查当天的原材料供应是否正常，准备当天需要的用品及工具	表格照片
	班组交接	记录对班组交接的生产过程问题点及注意事项	交接记录表、照片
	班前会议	早会的十个步骤内容	早会记录单、产品
工作开始后要做的事	点检事项	上班前半小时内完成各点检事项	点检表
	整理整顿	对现场5S的环境内容进行检查	5S点检表格
	生产巡线	检查过程品质质量，视察关键的质量点，控制不良发生，一旦发现问题立刻纠正，并根据情况及时进行指导，和员工一道在生产现场工作，以便指导和帮助，出现问题及时解决	照片、表格
	检查进度	是否按时完成目标任务	看板
	员工离岗	员工休息之前或休息之后是否立即回到现场工作	照片、离岗证
	检查工装	定期检查设备和工具，确保其处于良好的工作状态	设备点检表
	检查物料	定期检查原材料摆放位置、数量及供应情况，确保正常供应生产	照片
	检查安全	检查意外事故，确保安全生产	安全检查表、照片

续表

阶段	项目	内容	呈现载体
下班前要做的事	班组交接	生产过程问题点及注意事项与接班组进行交接	交接记录表、照片
	班后会议	班会会议流程	记录表
	问题清单	对当天发生但未解决的问题列出清单,并思考处理的方法	问题记录表
	工作教导	将当天每个员工的关键问题或异常表现记录下来,以便日后进行评价或采取措施	异常记录单
	计划安排	确定明日工作计划安排(人力配置、生产型号、异常问题、品质要点)	计划单
	日报填写	生产日报表填写及其他报表收集、签字、确认	日报表
其他	技能培养	培养训练员工多技能,管理者需知道下属技能水平	多能工训练表
	员工沟通	有选择地挑选一位员工进行沟通面谈	面谈记录表
	团队文化	业余时间多组织集体活动,增强组织的凝聚力	照片
新员工迎接仪式	面谈沟通	面谈了解员工基本信息,说明员工基本遵守事项	面谈记录表
	学习流程	现场学习讲解生产流程	学习流程
	欢迎仪式	早会中介绍新员工	照片
	工作教导	现场一对一进行理论及实操教导	工作教导计划

二、职责落地性

班组长的岗位职责确定后,就需要让班组长能够清晰地认知自己岗位的职责,并能够履行这些职责,确保班组长岗位职责的落地性。

班组长的职责如何落地?这个问题看起来很大,确实不容易实现,可以遵循P(计划)、D(执行)、C(检查)、A(处置)的原则进行开展。

第一,我们需要拟订一个职责落地的计划,让班组长清晰地认识到自己岗位应该做的事情有哪些,一般需要用培训的方式让班组长认知岗位的职责。起初,在拟订班组长岗位职责的时候,最好要班组长也参与进来,只有班组长参与拟订职责，他才更容易认可并按照岗位职责的内容去落实。这是第一个落实，指的是岗位职责的认同性，避免出现职责空洞。

第二，班组长所有的职责都应该围绕P（产能）、Q（质量）、C（成本）、D（交期）、S（安全）、M（士气）六个指标进行开展，即使班组长的职责写得再好，执行时不能够与六个指标进行联系，做的每件事情不能够有效地促使六个指标的达成，这样的职责是背离班组长这个岗位的使命的。这是第二个落实，指的是岗位职责的关联性，避免做与六个指标无关的事情。

第三，班组长每天需要对自己组内的员工所做的产品的质量、效率、安全等负责，所以班组长一定不能定位成一个全能工或高技工，避免每天都在流水线上，这样同样是违背公司赋予班组长这个岗位的使命的。短暂一时的帮忙以确保及时交货是可以的，长期这样操作是万万不可以的。这是第三个落实，指的是班组长不要一直有做"螺丝钉"的想法。

第四，任何信息的落地或呈现，都需要一定的载体，班组长这个岗位几乎时时刻刻在现场工作，践实了"三现主义（现场、现实、现物）"，也正因为班组长在现场工作，所以班组的信息需要一定的载体来呈现，这个载体可以是表单、照片、看板等介质。班组长必须熟练使用这些介质，确保班组长职责通过表单、照片、看板等介质的呈现，传递班组长职责的落地性。这是第四个落实，指的是班组长对现场信息把握的程度。

第五，当班组长将自己的岗位职责同P（产能）、Q（质量）、C（成本）、D（交期）、S（安全）、M（士气）六个指标联系后，实践三现主义（现场、现实、现物），通过表单、照片、看板等介质传递出来，会得出一个班组长所管理的这个班组在某一个时期的六个指标的数值，这就是班组长管理的结果，也是班组长职责落地的结果。针对这个结果，班组长应该与制定的指标标准进行对比，从而拟定改善的方向与对策。这是第五个落实，指的是班组长在把握六个指标现状后，拟定改善的方向与对策。

综上所述，班组长仅了解自己的岗位职责是不行的，是没有办法做到职责落地的,只有实践了以上五个"落实",才能稳妥地确保班组长岗位职责的落地性,进而更好地为公司创造更多的价值。

第三节 班组长的核心指标

一、PQCDSM 管理

班组的生产运营管理,就是把企业的人员、物料、设备、方法等资源整合起来,变成一个有效的运作系统。要想驱动生产运作管理这套系统,就必须控制生产运作系统,让它能够对上述资源进行整合。这套生产运作管理系统呈现的指标就是 PQCDSM。

指标是一个中性词,很多班组长听到指标这个词,就感到非常担心和害怕,因为一谈到指标就会想到考核,一想到考核就想到扣钱,这关系到班组长的切身利益。其实,班组长应该辩证地看待指标这个内容。首先,班组长要肩负某个指标时,需要详细了解这个指标的含义与自身岗位存在的联系。只有将指标含义了解清楚之后,才能更好地把握指标,知道从哪个方面去提升指标。

1. P(Productivity)——生产效率

生产效率说的是快慢,讲究的是速度,是实际产出工时与投入工时的比率,生产效率是指生产单位在单位时间内的产出水平,效率是可衡量、可量化、可比较的。同时,生产效率的投入不包括间接工作人员(如物料员、班组长)。

另外一个效率是工作效率,工作效率包括间接工作人员(如物料员、班组长)。

$$生产效率 = 产出工时 \div 直接人员出勤工时 \times 100\%$$

$$产出工时 = 产出数量 \times 标准工时$$

生产效率=产出数量×标准工时÷直接人员出勤工时×100%

工作效率=产出数量×标准工时÷（直接人员出勤工时+间接人员出勤工时）×100%

案例：计算生产效率和工作效率

A班组生产笔记本电脑，3月2日生产数量为400台，该笔记本电脑组装的标准工时为每台1.2小时，直接作业人员50人，组长1名，组长助理1名，物料员1人，当天上班10小时，请计算当日该款产品A班组的生产效率，A班组的工作效率。

产出工时=产出数量×标准工时=400×1.2=480

生产效率=产出工时÷直接人员出勤工时×100%=400×1.2÷（50×10）×100%=96%

工作效率=产出数量×标准工时÷（直接人员出勤工时+间接人员出勤工时）
=400×1.2÷（50×10+3×10）×100%=91%

通过上面生产效率和工作效率的计算，我们可以知道要计算班组的效率时需要考虑的是要不要把间接工作人员（如班组长、助理、物料员）等人员计算在内。如果不需要计算在内，就是生产效率，如果需要将间接工作人员计算在内，就是工作效率。

在一般的制造型企业中，计算生产效率时，通常所说的效率就是生产效率，也就是不包括间接工作人员。

效率这个指标是一个基层班组必须掌握的第一个核心指标，生产效率的高低也是衡量精益班组长管理班组能力高低的一个体现。

2. Q（Quality）——质量

考核质量的指标通常指的是良率，也就是产品的合格率。

良率是最容易了解的质量指标，班组投入的原材料经过班组制造加工后，可以实际交给下个工程或出货的比率。良率愈高代表效率愈高，报废愈少，修理愈少，对质量、成本、交期都有直接的影响。因此，良率应为最终的质量指针。良率是也是班组长需要掌握的核心指标。

关于良率的指标，在生产过程中看似简单，却是很多工厂应用出错最多的指标之一。

良率指标一般包括3个指标：首次产出率（FTY）、最终合格率（PFY）、流通合格率（RYT）。

首次产出率FTY或FPY（First to Yield或First Pass Yield）一般是用来衡量单个工序的良品产出率，是一次就将事情做对，没有经返工便通过的过程输出单位数而计算出的合格率。它是一个生产线产出品质水准的一项指标，简单地说，生产线投入100套材料，在制程中第一次就通过所有测试的产品的良品数量就是所谓的直通率，因此经过生产线的返工（Rework）或修复才通过测试的产品不列入FPY的计算。

最终合格率PFY（Process Final Yield）是过程的最后合格率，通常是指通过检验的最终合格单位数占过程全部生产单位数的比率。但是此种质量评价方法不能计算该过程的输出在通过最终检验前发生的返工、返修或报废的损失。

流通合格率RTY或FTT（Rolled Throughput Yield或First Time Through）是构成过程的每个子过程的FTY乘积。此指标不含返修品。一次性良品产出率代表了企业的正常过程能力。

采用FTY是衡量制造过程中各个制造工序的产品良品的质量水平，采用RTY或TPY则是衡量整个制造过程的产品质量水平。采用FTY或FPY/RTY/TPY的唯一目的是衡量企业的能力。一次性良品产出率代表了企业的正常过程能力；也可表明企业的质量控制水平。RTY提升，代表产品的质量成本在降低，企业的生产过程质量控制与预测能力增强。

下面通过一个案例来展示一下首次产出率（FTY）、最终合格率（PFY）、流通合格率（RYT）三个指标如何进行计算。

案例：计算生产的良率

A班组生产一个手机壳，作业方式是流水线生产，投入了1000个原材料，一共有4道工序，其中工序1不良品为30个，工序2不良品为40个，工序3不良品为20个，工序4不良品为10个（图1-2），请计算A班组生产的良率。

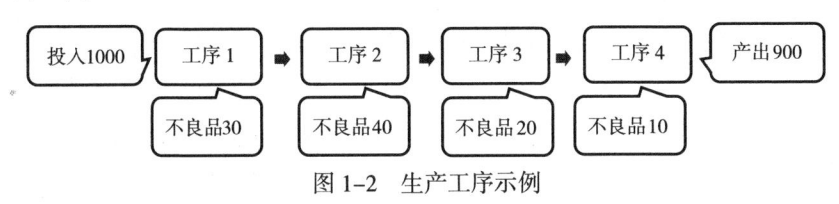

投入1000 → 工序1 → 工序2 → 工序3 → 工序4 → 产出900

不良品30　不良品40　不良品20　不良品10

图1-2　生产工序示例

如果我们按照传统的方式进行计算应该是：（1000-30-40-20-10）÷1000×100%=90%。

我们来计算一下首次产出率（FTY）、流通合格率（RYT）、最终合格率（PFY），看看这三个指标与我们传统计算的良率是否有区别。

工序1首次产出率（FTY）=（1000-30）÷1000×100%=97%

工序2首次产出率（FTY）=（1000-40）÷1000×100%=96%

工序3首次产出率（FTY）=（1000-20）÷1000×100%=98%

工序4首次产出率（FTY）=（1000-10）÷1000×100%=99%

流通合格率（RYT）= 工序1FTY × 工序2FTY × 工序3FTY × 工序4FTY

=97% × 96% × 98 × 99%

=90.3%

最终合格率（PFY）=（1000-30-40-20-10）÷1000×100%=90%

通过以上计算，可以看出传统的计算良率的方法与最终合格率（PFY）的计算方式是一样的，但是与首次产出率（FTY）、流通合格率（RYT）的结果不同。针对这种情况，不同的指标应用的领域是不同的。

最终合格率PFY适用于单一的工序或电子零件、半导体等制程，其不良品是无法进行修理而报废的产品。

装配厂的制程，其不良品大致上都可以修理，修理好的产品再回线测试，继续进行装配，要定义其良率应以各个制程的首次产出率（FTY）较为合理。

另外一种情况，假如针对不同的工段或车间计算整体工厂的良率水平，应用流通合格率 RTY 计算比较合理。比如服装行业主要有 3 大车间，分别是裁剪车间、缝制车间、整烫包装车间，要计算流通合格率 RTY 时，需要将 3 大车间的 FTY 进行相乘得出结果（图 1-3）。

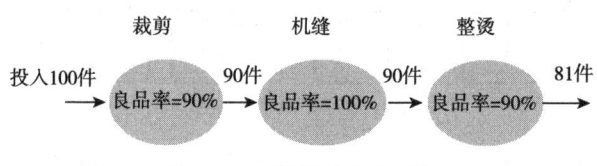

投入100件 → 裁剪 良品率=90% → 90件 → 机缝 良品率=100% → 90件 → 整烫 良品率=90% → 81件

图 1-3 服装行业生产工序

流通合格率 RTY = 90% × 100% × 90% = 81%

流通合格率 RTY 与传统的良率的差别在于：

◆ 流通合格率 RTY 比最终合格率 PFY 更加反映过程的质量。

◆ 最终阶段检验时的一次合格率不能反映前面作业的质量情况，而流通合格率 RTY 可以反映前面的质量情况。

◆ 流通合格率 RTY 能向领导提供更加正确的信息。

◆ 流通合格率 RTY 可以反映出产品过程的复杂性，从计算公式可以看出，如果减少过程中的作业数量，可以提高直通率，而传统测量方法是没有办法反映的。

3. C（Cost）——成本

成本是制造型企业非常重要的一个指标，很多班组长认为成本的问题应该是公司财务关注的内容，与班组长日常工作关系不是很大，我们日常把产品做好及时交货就可以了。其实班组长有这样的思想是陷入了一个误区，他们认为成本的事情应该是财务关注的，而非班组长所关心的。那么，班组长为什么要关心成本这个指标呢？

首先，我们需要重新对成本有一个新的认识，下面是三种对于成本的认识。

第一种：传统的企业认为，产品的价格＝成本＋利润，依据自己生产出来的产品所需成本加上一定的利润，就是产品的价格，比如生产一个玩具，玩具的成本是5.5元，企业想要获得1.1元的利润，那么玩具的售价为6.6元。

第二种：有的企业认为，利润＝产品的价格－成本，产品的价格是由客户决定的，如果其他公司产品的价格比自己公司产品便宜，而且质量也非常好，客户当然愿意购买其他公司的产品，要想让客户购买自己公司的产品，就必须使自己产品价格比竞争对手低，如果销售价格低于成本价格，企业就会亏损。企业要产生利润，就必须想方设法把成本降到销售价格以下。如果期望得到更高的利润，就必须努力降低成本。比如生产一个玩具，玩具的客户能够接受的价格是6.6元，企业如果想要获得1.2元的利润，那么企业就要想办法将产品的成本降低到5.4元。所以如果该企业想获得更多的利润，就必须降低产品更多的成本。

第三种：更有强大企业认为，利润＝成本－浪费，为什么这样说呢？当今很多制造业面临的一种现状是原材料价格飞涨、人工成本急剧增加，而产品价格一直在降低。所以，强大企业认为，利润应该在企业内部压缩出来，所以，对于企业来讲，把企业内部的浪费减少，这样企业的利润就增加了。笔者走访过的中小民营企业，把制造现场的浪费压缩20%是非常轻松的事情，现场的浪费非常多，而且是不用费很大功夫就能为企业提升效率，降低成本。

综上所述，班组长要改变传统的成本观念，成本与班组长管理息息相关，存在于生产现场的每一个环节、每一道工序、每一次搬运、每一次加工。要想降低成本，就要在生产现场寻找浪费，查找浪费，消除浪费，才能降低成本，进而为班组、为企业创造更多的价值。

4. D（Delivery）——交货期

交货期是企业运营非常重要的一个指标，班组长在日常管理过程中也非常重视这个指标，以至于很多情况下，不顾产品质量也要抓紧出货。因为在合同中有交期约束，晚一天交货要扣除合同额的10%，很多企业的利润甚至没有10%，哪里经得起客户这样扣款呢！所以，在企业高层的强压下，无论加班到几点，都必须在交期前交货。

对于交期，班组长更多想到的是日期，比如A客户8月20日交货，班组长必须在8月18日完成生产入仓库，再加上物流的时间，8月20日到达客户端。其实，在交期这个概念里，有一个非常重要的概念，就是流动。流动是精益思想的五大原则之一，是精益思想的中坚，其目的是使价值不间断地流动起来，这是精益生产中最精华的部分。早在1913年，亨利·福特把轿车组装生产线设计成连续流动的生产，使福特的T型汽车的组装工作量减少了90%，他是最先认识到流动潜力的人。那是个生产导向的时代，流水线的大量生产是合理的也是最有效率的方式。但是精益生产的挑战在于多样少量的生产时代是否也能够创造出连续流动的生产？连续流动的概念在精益生产中之所以如此重要，具体表现在以下三个方面：

第一个方面：流动能让浪费可视化

精益的目的是为客户创造价值，消除企业内部浪费，降低成本，实现企业与客户的"双赢"，通过对流动过程进行分析，寻找造成流程中断或迟缓的原因，就好像水流一样，看上去连绵不断，但仔细观察就会发现，只要有阻碍的地方，水流就会迟缓，甚至停顿，浪费就像是导致水流迟缓或停顿的阻碍，很容易就会被发觉。

第二个方面：流动能让价值最大化

在价值方程式中，客户的价值会因成本、品质和交期的优化而最大化。而流动能让浪费凸显，进而消除浪费，降低成本。流动能让速度加快，驱动品质提升。同样地，不间断的流动能确保交期，三者皆因流动而达到最佳化。

第三个方面：流动能压缩生产周期

流动的概念让过去功能性的组织和运作彻底改变成团队合作。精益的方法是要重新定义职能、部门和企业的作用，使他们能对创造整体价值做出积极的贡献。使价值流动起来，才能真正符合客户的利益，进而为员工创造利益。

工序流动化是压缩生产周期的,那么,怎么来压缩呢?我们来看一下生产过程是怎样的。

生产过程周期时间=信息的停滞时间+加工时间+检查时间+

搬运时间+停滞时间

如果去一些公司的现场查看,就能够看到很多停滞点,那么这些停滞点就是需要我们共同解决的问题。比如:信息的停滞时间,加工时间:员工的动作流畅度。检查时间:为什么要检查,能不能不检查,检查的点有几次,为什么是3次而不是1次。搬运时间:搬运是最能够体现停滞点的地方,只要出现搬运的地方就一定会有停滞,所以我们需要做的就是解决搬运的问题,能不能不搬运,能不能把它连接起来,如果不能够连接,那么,搬运距离能不能短一点,能不能将原来的50米,改成10米,搬运工具原来是叉车,现在能不能不用叉车。停滞时间:很多人都喜欢批量作业,认为批量作业效率高,其实,并不否定批量作业效率高,但是站在品质的角度来看,批量作业出现的问题也有很多,根据效率和品质综合来看,还是一个一个流动完成产品生产是最好的。所以说,缩短过程周期时间就是消除停滞点,能够消除停滞点就是要创造流动的条件。

5. S(Safety)——安全

安全对于生产来讲,是非常重要的一件事情,如果将 PQCDSM 排一下顺序,首当其冲的就是(S)安全,没有安全生产环境,其他都是假的、空的。班组长是生产安全管理的第一负责人,如何识别安全危险源是至关重要的。在生产现场,对安全进行管控就是管控投入的要素,即人、机、料、法、环,对这五个要素进行合理管理,才能有效地杜绝安全事故的发生。班组长要通过言传身教、案例分析、事件回顾、多次强调、经历分享等方式首先使自身具有较强的安全意识,进而促使整个所处现场相关的员工都具有较强的安全意识,以期有序地、有效地、自发性、配合性、集体性地进行安全预防、规避及应急处理,进而减少甚至杜绝安全事故的发生。

6. M（Morale）——士气

士气给人的感觉是空空的，好像不具有强大落地性。但是士气是维持意志行为的具体积极主动性的动机，也称为主动积极性。士气的作用就是让所有员工一起努力实现目标的意愿，而班组长的核心职责就是将班组全员的力量拧成一股绳，朝着目标前进。

常见的提升士气的方法包括喊口号、加薪、团建活动等，这些活动内容会有一定的效果，但是不足以让员工团结在一起，朝着共同的目标前进。如何提升员工的士气呢？需要从士气的定义层面着手去拟定对策。首先，我们看一些常见的士气不高或者不好的案例。第一，班组长找员工询问产品质量的问题，员工老是先讲别人的问题，问题都不是自己的；第二，在开早会晚会的过程中，班组长一个人在讲话，下面的员工没有认真地听，反而窃窃细语，心想：你说你的，我做我的，大家的心不在一起；第三，车间现场5S管理一团乱，在制品堆积得满地都是，员工钻在在制品里面，完全看不见员工。这样的生产现场、工作氛围、员工态度，是很难有一个良好的班组士气的。

二、班组长具体的核心指标

班组长是一个公司生产最小的单位，同时生产也是最重要的一个环节，只有生产环节才能为公司创造产品价值。为了创造产品价值就必须有一定的指标作为支撑，同时这些核心指标处于公司方针管控下才能得到正确的反馈。在投入生产的人、机、料、法、环五个要素中，人是处于第一位的，企业应当把员工当作企业最重要的资源，不断地进行培养，才能创造出更多的价值。同样，在生产产出的PQCDSM中，S（安全）是处于第一位的，安全生产人人有责。第二位的就是M（士气），只有员工的士气高涨了，再去提升生产的效率、品质、成本、交期，这样才能有所保障，如图1-4所示。

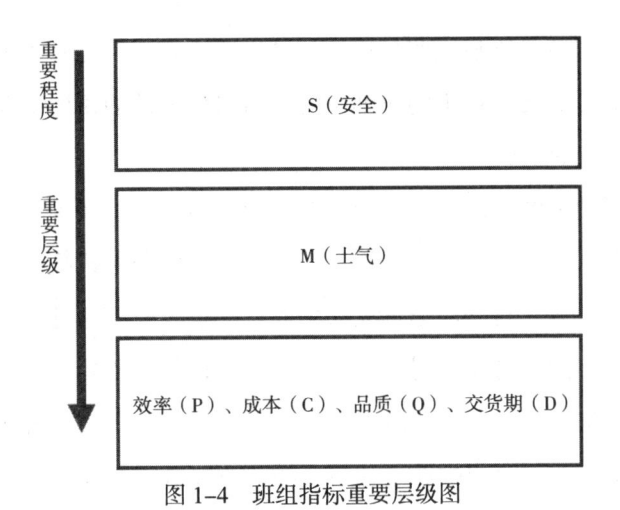

```
┌─────────────────────────────────┐
│                                 │
│            S（安全）             │
│                                 │
└─────────────────────────────────┘

┌─────────────────────────────────┐
│                                 │
│            M（士气）             │
│                                 │
└─────────────────────────────────┘

┌─────────────────────────────────┐
│   效率（P）、成本（C）、品质（Q）、交货期（D）   │
└─────────────────────────────────┘
```

图 1-4 班组指标重要层级图

很多人认为班组的核心指标是效率和品质，只有效率提升了，班组才有效益，员工才能得到高工资。因为品质影响效率，所以品质良率必须达标，才能确保客户接受，不影响效率指标。单纯从一个短期的角度来看，效率和品质这两个指标是班组管理的核心，有很多工厂将生产线承包出去，工厂只要效率和品质，其他的都由承包者负责。这样看似有一定的道理，但这却是工厂短期的一种盈利行为。这样的工厂一定难以长久生存。

班组的第一核心指标是 S（安全），一个工厂如果不将安全作为生存的第一指标，那么一定不会存活很久，这样的案例比比皆是。只有员工生产、生活的场所安全了，员工才有心、有力去为企业创造价值。

班组的第二个核心指标是 M（士气），士气是事关一个班组、企业长久持续发展的问题。一个班组看到问题都不讲、看到问题都不想办法解决，班组全员的心都不往一处使劲，这样的班组一定是没有士气的班组，即使效率再高、品质再好，也是昙花一现，属于短期的短暂表现，一定不会持久。

首先，只有将班组员工的士气打造好了，员工的士气高涨了，再去给员工讲如何做好现场 5S、如何提升班组效率、如何提升班组产品品质，相信班组成员一定有能力将效率、品质提升。

其次，对于效率、品质、成本交货期四个指标，提升效率、提升品质、降低成本的方法有很多，基本上掌握了一定的方法之后，它们都属于可控的因素，精益生产就是管控这些指标的一种生产方式。但是对于士气来说，就不那么容易了，需要从员工的角度出发，需要从人性的角度出发，运用一些方法去触发员工的士气。

士气会影响你的心态，心态会影响你的行为，反过来讲，行为也会影响你的心态。那么，对于士气这个指标，是否有训练的方式呢？士气训练，听起来好像非常空洞，首先应通过立即采取行动来改变，这是基于三现主义原则，不需要过多的思考或研讨，先采取行动，这是重要的第一步。其次，士气训练需要打破现状，做一些练习，你可以运用你的声音、身体的动作、语气的力量，通过这三个习惯改变让自己体验改变是需要发自内心的。突破自己日常的声音、行动和语气。这个练习通常是在早晨开展工作之前，所有的班组员工围成一个圆圈，同时喊一个口号：我要做到，我要改变。身体的工作与发出的声音是同时进行的，正能量的词语和统一的动作往往会带来一些小的改变。刚开始练习的时候，员工往往会觉得不舒服，这是由于不习惯造成的，而不是文化造成的。

士气训练是一个起点，它允许班组的每个人放空自己的习惯，创造发展的空间。这些恰恰是改善的基础，当一个人采取积极的改善行动时，就会在班组或整个组织树立一面旗帜，这面旗帜会带领大家努力向前改善。这面旗帜的首要拥有者就是班组长。通过士气训练，改变员工的行为，进而改变员工的心态，从而能够开展更多的精益转型项目。

第四节　班组长的标准作业

一、班组长的标准作业

在车间的生产现场，有一样东西叫SOP，就是标准作业指导书，按照这个标准作业指导书进行操作，就能确保员工能提供一致且合格的产品或服务。

那么，对于车间的管理者，如班组长、车间主任，每天的工作有没有一个标准作业做指导来确保稳定的管理呢？或者哪天车间管理者休假了，接代他的人能根据标准作业指导很好地代替他开展管理工作呢？公司的一些战略任务、组织要求又是怎么可视地体现到领导的日常工作中的？下面是一些企业班组长、车间主任的日常表现。

◆【救火＝管理】很多企业无论是班组长还是车间主任，经常都忙于"救火"，他们认为自己一直在解决车间的异常问题，就说明自己在做管理的行为；

◆【忙碌＝管理】班组长、车间主任整天在接打电话，无暇运筹帷幄，缺乏计划管理，更没有心思去思考改善之道，他们认为，忙碌起来就说明自己在做管理的行为；

◆【重复＝管理】有的时候，发现车间主任和班组长在做同一件事情，每天都很辛苦地上班，却没有任何结果，他们认为，重复的事情代表重视，说明自己在做管理的行为；

◆【亲历＝管理】无论多大的事情，都需要车间主任亲自出马，车间主任跑断腿、磨破嘴才能够解决问题，他们认为，只有自己亲历亲为才说明自己在做管理的行为。

班组长、车间主任等一线管理者每天都勤劳地工作，但是车间的整体管理水平没有提高，车间的指标没有提升，还经常受到上级领导的批评。其实，对班组长的标准作业没有进行梳理的企业，上面的这种现象司空见惯。和一线作业员工的标准作业比较起来，很多企业没有把班组长的标准作业当作一回事，他们认为这是一种对于管理者的约束机制，即使制定了标准也不一定能够完全执行。

其实，在精益转型的过程中，精益工具的运用仅占20%左右，剩余80%左右的努力都需要用于改变管理者的行为，并最终使他们的管理理念发生转变。很多企业缺乏面向各层级管理人员作业的系统规划与实施指导，也没有运用有效的跟踪和监督，导致很多管理者的管理行为千变万化，没有形成统一的标准。

班组长的标准作业是制造型企业管理中非常重要的一个工具，本质上和一线员工作业中的作业指导书的原理是一样的，目的都是更好地输出生产的产品或服务。

班组长的标准作业是将管理人员每天的核心内容和日常工作内容进行标准化和可视化，内容包括管理者每天、每周、每月必须要做的事情和关键任务，同时这也是从精益的层面上期望管理者所应实践的工作标准。班组长的标准作业是一个过程管理工具，它要求管理者重视过程管理，体现管理者实践过程指导的意愿。班组长标准作业经常指导管理者去关注自己部门哪里有浪费，关注日常管理中的困惑，关注班组指标是否按时达成，关注下属工作中的疑难问题，这些内容看似简单，却是管理者经常忽略的一些内容。

班组长的标准作业与一线员工的标准作业有5点区别：

（1）一线员工的标准作业更多关注的是产品的某个步骤或注意事项，员工按照步骤能够正确地输出产品，而班组长的标准作业关注的是生产中的流程或重要的指标事项。比如，员工按照打螺丝作业指导书完成打螺丝工序，而班组长的标准作业则是关注打螺丝的流程、工序是否达标。

（2）在中国的一些企业中，一线员工的标准作业多数由 IE 工程师编制而成，也有部分企业，由员工参与编制而成。班组长的标准作业则是一个系统分层的过程，先从班组长的标准作业开始，向上进行编辑，车间主任的标准作业是依据班组长的标准作业编制而成的，车间主任的关注点是要支持和完善班组长的标准作业的内容。比如，班组长关注的是车间小时效率是否达标，车间主任关注的是如何指导班组长完成效率达标工作。

（3）一线员工的标准作业一般确定得比较死板，为了确保在规定的时间内完成标准质量的产品，也必须这样操作。但是班组长的标准作业就不需要这么死板。班组长的标准作业不需要具体到每一秒做什么事情，只是给了一个区间范围，作为提醒班组长在这个时间内应该完成某项事情。

（4）为了让所有一线员工傻瓜式地执行，一线员工的标准作业都会描述得非常详细，确保员工按照作业指导书操作不会出错。班组长的标准作业不需要描述得这么细致，只需要描述关键的步骤或要点即可，便于管理者依据实际情况灵活开展。

（5）一线员工的标准作业往往只关注本工序内部的作业事项，与其他几乎没有任何关系。班组长的标准作业呈现的是一个层级的关系，一线班组长要做标准作业，车间主任要做标准作业，生产经理也需要做标准作业，班组长、车间主任、生产经理之间的标准作业不能有重叠，但是必须有关联性，起到互相教导和监督的作用，以确保部门内的指标能够顺利达成。

实际的现状是，90%以上的中小民营企业都没有实施班组长的标准作业，其实根本原因是缺乏对班组长的标准作业的清晰认知，不知道班组长的标准作业的目的以及做班组长的标准作业的意义。

制定班组长的标准作业的目的有8点内容：

（1）关注重点。班组长的标准作业能够让管理者关注核心的作业内容，确保不遗漏重点工作。

（2）体现意愿。班组长的标准作业能够让管理者做本岗位的管理内容，体现管理者本身的管理意愿，确保上下级紧密衔接。

（3）快速上岗。班组长的标准作业能够让新入职的管理者快速了解本岗位需要关注的核心内容，在短期内完成工作上岗，利于标准化作业。

（4）团队分享。班组长的标准作业会有层级会议，在层级会议上，管理者可以和团队互通有无，分享日常标准作业的最佳实践。

（5）指导工具。班组长的标准作业作为管理者日常管理过程中的标准，能够让上级领导及时关注管理者的日常行为，确保上级对下级的一个指导。

（6）目标达成。班组长的标准作业要求管理者关注组织内的核心指标，及时处理日常作业过程中的问题点，确保每日的目标达成。

（7）夯实根基。员工的标准作业是实施改善的基础，班组长的标准作业同样是改善的基础，持续地坚持班组长的标准作业有利于创造公司的精益文化。

（8）持续改进。班组长的标准作业要求班组长按照标准进行日常作业，减少因个人的主观因素带来的管理变异，确保同一层级的管理行为标准化。

推行班组长的标准作业有6点意义：

（1）确保公司的方针目标能够得到具体落实。

（2）班组长的标准作业能够成为共同的语言及日常管理工具。

（3）确保管理者的管理行为能够层层递进、层层分解、层层实施。

（4）驱动管理者关注工作重点核心内容，确保管理指标不断提升。

（5）持续开展班组长的标准作业，能够提升团队士气，提升团队之间的协作能力。

（6）重点关注一线管理者的成长，能够让一线管理者更加有思维、有逻辑地落实工作。

班组长的标准作业需要管理者经常走向现场，在现场聚焦重点，提升管理者的现场管理能力。但是推进班组长的标准作业并不是一蹴而就的，需要按照PDCA循环来实施进而在企业内部落实。PDCA循环的具体步骤如下。

步骤一：Plan——计划阶段

在这个阶段，需要公司结合去年的业务实施情况和今年公司重点的管理内容做回顾与展望，明确相应的层级会议，不同的层级会议代表不同的行动计划，层级会议和行动计划的落脚点就是班组长的标准作业。需要将不同层级班组长的标准作业进行分类，确保内容没有遗漏，时间没有冲突。

步骤二：Do——实施阶段

在实施阶段，需要管理者结合标准作业的内容按照每天、每周、每月的频率开展自己的标准作业内容，每开展一项作业内容就需要更新一项，同时需要将班组长的标准作业进行可视化，确保能够被检查并体现出问题点，对于标准作业中有问题的事项必须标识出来，以便于后期改进。在实施的初期，公司高层领导要起到表率作用，确保管理者都能够按照标准作业的内容开展。

步骤三：Check——检查阶段

一般在第一次实施班组长标准作业的时候，都会存在一些问题点。所以，需要对实施的标准作业进行回顾，也就是检查，一般检查的频率是每周来进行的，包括两个层面的检查，第一个层面是自己进行反思，反思自己的标准作业范围是否涵盖了日常管理的关键内容，以及这些标准作业与自己的职责相关性如何，能否达成自己的组织目标。第二个层面是上级领导的检查，上级领导检查的要点是他做的标准作业是否为部门方针里的方策，是否是达成目标部门的行动计划，如果缺乏支撑，就需要进行改进，从而更新标准作业。

步骤四：Action——执行及标准阶段

这个阶段需要依据步骤3中发现的问题点，对班组长的标准作业进行调整、改进，确保班组长的标准作业能够按期进行。一般情况下，是先以某一个点为示范单位，一个PDCA循环走完之后，就需要在全公司范围内开展班组长的标准作业。确保班组长的标准作业能够承接公司的方针目标，确保组织指标及时达成。

班组长的标准作业是精益管理中非常重要的一个集成工具，看似班组长的标准作业开展起来非常简单，但是包括了很多精益工具，比如5S管理、Gemba Walk、作业改善、可视化管理、快速换模、TPM设备管理、团队协作能力等。持续地开展班组长的标准作业对于提升管理者的精益领导力会有很大的帮助。

二、班组长的一日工作标准

班组是公司管理中最小的一个管理单元，是创造价值的一个载体，公司的任何产品都是通过班组这个单位创造出来的。所以，班组的管理尤为重要。班组长是班组中最大的管理者，应将班组长每日的工作进行标准化，确保公司的产品能够按期保质完成。

员工在一个公司工作时间久了，而且表现优秀，对于工作环境、工作技能都非常熟悉，这个时候，如果公司有新的班组成立或者原有班组的班组长离职，他就成了新的班组长，所以班组长大部分都是由一线员工提拔上来的。但是在绝大多数公司里，班组长的工作标准是没有进行标准化的，都是凭借自己的工作经验、和看周边其他班组的实操学习而去管理班组。这个时候，往往班组长不能够将自己的工作管理固化或者标准化，每天都在救火，处理异常问题。

笔者经常辅导的一家工厂有12个班组长，每个班组长管理的方式都不一样，刚开始的时候，班组连早会都不召开，班组内出现什么问题就直接和员工讲，没有将问题进行扩散，不利于其他员工接收到信息。在忙碌的时候，班组长经常在流水线上做工序，当笔者问组长："你为什么经常来顶替员工做工序呢"？组长回答："我看着他们做得慢，所以我就得替他们完成一些。"组长的这种思路就是事后围堵思路，没有想着如何提升员工的工作效率，反而把自己当作一个全能工去顶替员工完成工序。这样的班组长是缺乏全局观念的，长期这样下去一定不利于整个班组的成长。针对这种情况，首先对所有的班组开展早会的培训，一日之计在于晨，每天的早会必须召开，而且必须有方法地召开（详见第二篇的早会管理）。那么，班组长在一天中应该做哪些事情呢？笔者帮助这家企业梳理了班组长的一日工作标准内容，如表1-3所示。不过每一家企业班组长的工作内容都不一样，一定要因地制宜，因企而异。

表1-3　企业班组长一日工作标准

时间	日常作业	工作标准
7:30~8:00	早会	统一地点、统一时间、统一记录、统一看板
8:00~9:30	会议	参加主任召开的会议
9:30~10:00	机器5S	监督机器设备点检清扫工作与组检品质数据
		车间主任进行车间现场巡查看板与设备清洁工作
10:00~11:00	流水线平衡	检查系统工序产量信息，各工序产量最高与最低之差如超过20件，立即调整平衡

续表

时间	日常作业	工作标准
11:00~12:00	关注重点工序及金属管控	与员工沟通重点工序内容,确保品质与效率,关注员工剪刀等金属利器保管和使用情况
13:00~14:00	流水线平衡	检查系统工序产量信息,各工序产量最高与最低之差如超过20件,立即调整平衡
14:00~15:00	关注重点工序	与员工沟通重点工序内容,确保品质与效率
车间主任进行车间现场巡查品质与现场5S情况		
15:00~16:00	机器5S	监督机器设备点检清扫工作与组检品质数据
16:00~17:00	品质管理	关注昨天与前三大品质不良员工的作业品质
18:00~19:00	流水线平衡	检查系统工序产量信息,各工序产量最高与最低之差如超过20件,立即调整平衡
19:00~20:00	关注重点工序	与员工沟通重点工序内容,确保品质与效率
20:00~21:00	关注产能	关注今日产能完成情况,填写明日早会记录单
车间主任对组长标准作业的执行情况进行审核,检查重要项目后签字		

第五节 班组长的素质特征

随着时代的发展和工作的需要,越来越多的年轻人走上了班组长的岗位,但他们大部分都是靠师父带徒弟的方式或靠自己平时摸索、积累经验来了解、感悟什么是管理的,因此缺乏系统的管理知识。所以班组长经常弄错自己的角色定位,经常出现一些错误的行为或者言语,为数不少的企业车间班组管理中,一线主管和班组长(车间主任)的职责是错位的,有一句话说得好,"老板天天干基层,员工天天谈战略",指的就是企业内管理者职责错位的问题。

常规班组长的10种表现,也称为班组长的10种类型。

第一种类型:保安型班组长——只看守不解决问题

这类班组长看管所在部门及人员,当出现问题时向上报告,把问题抛给上司,让上司帮班组长解决问题。背上的猴子是由威廉姆翁肯发明的一个有趣的理论,他所谓的"猴子"是指"下一个动作",意指管理者和下属在处理问题时持有的态度。很多管理者经常遇到这样的情况，每天走进车间，总有班组长跑到自己面前说："我昨天的工作遇到了一个问题，请问该如何解决？"这个时候，很多管理者会发现，班组长把问题抛给自己了，而自己还不好意思推掉。"猴子"＝问题，班组长本来该自己完成的工作，因为遇到了难题就想逃避，交给上级领导解决，如果每个班组长都这样做，班组长是很难成长的。

第二种类型：消防型班组长——无计划只解决紧急问题

这类班组长专门替出漏洞、出问题的人灭火，他们非常喜欢解决问题。能够解决问题是好事情，但是一个班组长要会规划班组如何生产产品，每天生产的产品如何安排生产，如何排线，如何使产出最大化，如何杜绝质量问题出现等。班组长不应该只解决问题，而忽略了班组自身发展规划的问题。

第三种类型：第三者班组长——事不关己高高挂起

这类班组长平时不闻不问，出了问题推三推四，这类班组长一般情况下是没有由技术型转变为管理型导致的。感觉平时只做好自己的工作就好了，对于下属或者同事出了问题不闻不问，事不关己高高挂起。

第四种类型：老牛型班组长——埋头苦干先于班组管理

这类班组长只在于自己干得比别人卖力，很少去管别人。很多公司有这样的班组长，当班组有人请假时，班组长就自己去顶岗完成一些工序工作，这类班组长认为只要我平时比班组所有员工干得多，干得累，员工就应该服从我的安排，也会佩服我的能力。其实，这类班组长自身的角色定位就发生了错误，没有把自己转变为管理型人才。

第五种类型：服务型班组长——愿意服务他人而不埋怨

这类班组长干一些别人不愿意干的事情，如领料、拖车、堆放物料、清洁设备等，班组长非常任劳任怨地做好每一件事情，希望能够率先垂范，所有事情都是自己第一个先干起来，心里想着：我都干了，员工肯定不会有什么抱怨的。即使有抱怨，他们也不会说什么。这类班组长非常适合做一个班组长的助手，却不是一个合格的班组长。班组长应该先于计划，管于过程，归于总结。

第六种类型：螺丝型班组长——不说不做不拨不动

这类班组长希望所有事情都由上级来规划，来下达指令，通常情况下是不说不做，不拨不动，上级领导说什么就做什么，上级领导没有做什么，我就不做。这类班组长很听话，也非常有原则，但是缺乏主动、缺乏计划、缺乏管控力。一个班组长不光要具有优秀的规划能力，还要有较强的协调能力，更要有充沛的掌控能力，这样才能管理好班组。

第七种类型：问题型班组长——做事情时都是问题

这类班组长在面对布置任务时，首先强调客观、强调困难，从不从现状出发。上级交给他一个任务，他就表达出自己做不好的想法，至于能不能做好，先表达出可能会出现的问题点再看。这类班组长通常面对任务都是拒绝的，比较难沟通。一心扑在自己所认为对的事情上，无心关注其他人的想法或者建议，也不乐意接受别人的建议或者想法。

第八种类型：经验型班组长——经验主义胜于一切

这类班组长只相信过去的经验，对所有的新的改变都予以排斥，很难与他开展新的对话。面对新的知识或者新的管理思路时，这类班组长往往会说："我之前做过你说的这样的事情，结果还不是现在这样？"这类班组长被自己的经验桎梏，很难打开自己的经验心结。不愿意接受新的方法，也不愿意去尝试做一些改变。

第九种类型：交际型班组长——圆滑应对从容不迫

这类班组长经常做的事情就是：有成绩都是自己的，有问题都是别人的。当上级领导来看自己的班组时，上级表扬班组做得好的方面时，积极接受上级的表扬，而没有说明这是班组全员共同努力的结果；当上级批评班组做得不好的方面时，反而说出现这样的结果是由于其他部门不配合导致，这样的责任应该是其他部门的，不是班组长导致的。这样的班组长，在任何公司都不会很受欢迎，也很难有长远的发展。

第十种类型：应付型班组长——积极应对消极反抗

上级交代了任务，这类班组长随机应付，表现出的态度是积极的，但是当自己做这项任务时，却消极反抗，同时也带领其他伙伴一起消极反抗。在做任务的过程中，表现出不满意的一面。经常会有班组长这样说："领导说得简单，你让他自己做试试看，老把这么难的问题交给我们解决，他自己什么都不干"！这类班组长面对上级与面对同级对同一个问题表现出的结果是不同的。经常把不好的结果拿来应付上级，其实长期下去是耽误了自己，同时也耽误了项目的整体进度，所谓伤人又伤己。

因此，综上所述，岗位能兑现强调的是班组长要避免以上十种类型班组长出现的问题，认清自己在企业中的位置及掌握自己岗位的职责要求，反思自己的能力现状，寻找差距，并将自己的管理能力通过企业赋予班组中的指标兑现出来，进而不断的向精益班组长迈进。

第二章
蜕变路径：登台能演讲

登台能演讲：基层班组长在班组长这个岗位上，必须要具备登台讲话的能力，这个"台"指的不是大会场，而是班组这个小舞台，这个"演讲"指的也不是演讲比赛，而是班组长的日常沟通能力。站着这个小舞台上，班组长必须具备开早会晚会的能力、白/夜班交接的能力、上级/横向/下级沟通的能力、日常管理的能力。能够充分进行表达，才说明班组长具备管理实践能力。

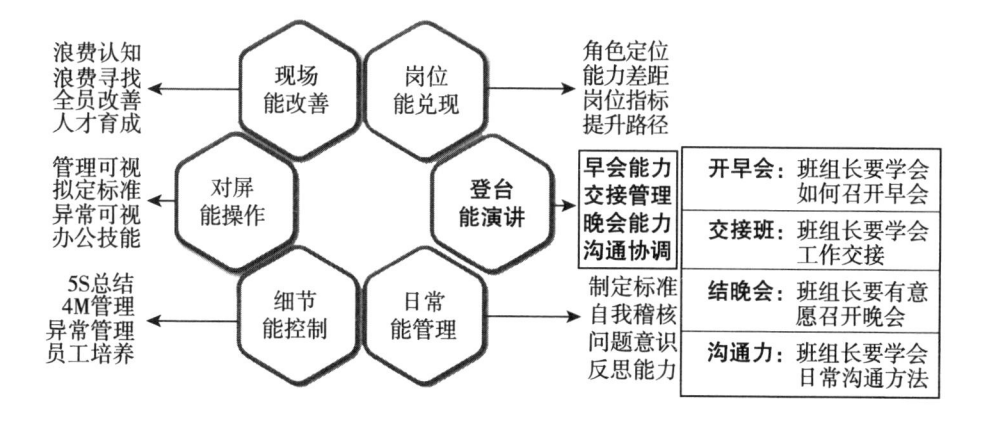

浪费认知 浪费寻找 全员改善 人才育成	现场能改善	岗位能兑现 → 角色定位 能力差距 岗位指标 提升路径
管理可视 拟定标准 异常可视 办公技能	对屏能操作	登台能演讲
5S总结 4M管理 异常管理 员工培养	细节能控制	日常能管理 → 制定标准 自我稽核 问题意识 反思能力

早会能力 交接管理 晚会能力 沟通协调	开早会：班组长要学会如何召开早会
	交接班：班组长要学会工作交接
	结晚会：班组长要有意愿召开晚会
	沟通力：班组长要学会日常沟通方法

第一节　班组的早会管理

一、早会的重要性

一年之计在于春，一日之计在于晨，早会是一个团队或班组的管理方法，能展示一个团队管理水平、工作状态和士气。一个好的早会能够起到凝聚人心、提升士气、传递信息、提高效率的作用。早会更是班组长与员工之间沟通的桥梁，是班组建设的重要平台。早会是对月度和周度工作计划的落实，通过每日工作的检核与安排，确保各项工作向着既定的目标前进。

注："既定的目标"——部门年度方针目标，月度目标，周目标。

任何行业都是一样，早会的影响不言而喻。您的企业是不是也有以下的影子：

（1）一般的班组长很少开员工早会，车间也是偶尔开早会，甚至一个月才开一次，早会召开非常随意，起不到早会应有的效果。

（2）早上上班迟到现象频频发生，上班铃响后还有员工姗姗来迟，无人问津。

（3）管理制度需要通过早会来明确，激励员工。

目前，只有不到30%的企业保持召开早会的习惯，而这些企业的早会大多也只是一种单向的沟通，或者简单安排一下工作，早会召开的形式非常随意，有的直接演变成了点名会或者批评会。

这些早会流于形式的主要原因可以概括为以下六个点：

第一个原因（早会战略）：公司决策层没有把早会提高到战略的高度，既没有早会管理制度，也没有对早会形式、内容等做统一要求，更没有衡量早会质量的标准，因此出现了各个班组非常随意的形式。

第二个原因（早会意义）：公司中高层认为早会无所谓，班组召开早会没有太大的意义，没有意识到早会的作用和对自己管理的重要性，只是在例行工作。

第三个原因（早会制度）：有些企业虽然一直在召开，但从不对早会进行检查、监控和总结，更没有配套的奖惩措施，久而久之早会便流于形式，时而召开时而不召开。

第四个原因（早会流程）：有些公司中高层尽管已经意识到了早会的必要性，认为班组管理还是需要通过早会来开展，但苦于没有一套切实可行的方法，只能随波逐流。

第五个原因（早会标准）：有些企业虽然对早会做了要求，却没有抓住早会的核心，有些早会只是一种单向会，久而久之员工就失去了兴趣。

第六个原因（早会时间）：有些企业对于班组召开早会的时间非常随意，有的班组早上一来就召开，有的班组先工作半个小时后再召开，同一个车间召开早会的时间都不一样，究其原因，还是没有对班组早会进行系统、全面的管理。

对于班组来说，早会是打造团队凝聚力的有力武器！一个执行力强的团队，必然是从小事做起。就像一个战斗力强悍的军队一样，他们的执行力从哪里来？不是在战场上遇到敌人的那一瞬间喊："冲啊，杀啊"的一刻才有的。执行力是从无数个日子里反复的执行、反复的操练得来的。如果一个班组连一个拓展的小游戏，或"爱的鼓励"都不能协调一致地完成，那么还指望这个班组做成什么大事呢？

对于一个班组管理，每天的计划梳理是非常有必要的，工作计划的梳理是通过早会的形式传达到班组全员的，让班组全员都知道今天的目标产能是多少，今天品质关注的地方在哪里。早会的重要性主要体现在8个方面：

1. 统一思想、达成共识

统一员工的思想和行动，鼓舞员工的士气，增强团队凝聚力和战斗力。

通过召开早会，把员工的思想和行动统一到团队的业务经营上，营造团队良好的氛围，使员工产生自豪感和归属感。

2. 统一宣传、高效沟通

做好当天工作的基础和保障。在早会上布置当天的工作，公布公司的规章制度，可以使大家明白当天的重点工作和目标，围绕重点和目标去工作。加强沟通，发现、分析和解决业务经营中出现和存在的问题。

3. 统一激励、士气高涨

增强员工的整体素质，通过早会传递信息、组织员工学习、进行典范分享，使员工不断增长知识，学到和掌握更多的专业技能。

4. 统一锻炼、公开快捷

早会对员工是一个很好的锻炼机会，是员工成长的舞台，是人性激励的会堂，是团队员工的乐园。尤其对新员工来讲，参与在早会上的宣讲，可以帮助他们尽快融入团队，得到在更宽广的舞台上锻炼的机会。

5. 统一标准、建立权威

早会是班组活动管理的开始，是团队发展的基础，是员工学习的课堂，是员工的加油站，也是一道营养早餐。通过开展早会并在早会中锻炼大家对品质标准的认识、对工序标准的认识，建立大家对标准的权威性认知。

6. 统一掌控、沟通总结

早会是班组长唯一一次施展自己公开讲话能力的舞台，班组长必须利用好这次机会，对班组全员整体进行把控，在早会中锻炼自己的威信与威严。

7. 统一时间、整体把握

早会能够体现出车间班组长的能力，将班组长管理员工时间进行统一化。在同一个时间召开早会，能够让车间主任或者主管更加清晰地认识到班组早会的重要性，也能够准确地把握这个班组生产、品质的进度。

8. 统一表单、工作标准

早会内容必须要事先准备，一个优秀的班组长绝对不会空手来开早会的，一定会在昨天晚上就将今天早会要讲的内容准备好，所以班组长必须填写一个早会记录单，同时，通过填写早会记录单，能够锻炼班组长的工作总结能力与工作计划能力。早会表单的统一，也给班组长建立了一个召开早会的工作标准。

二、早会的召开流程

对于早会召开的步骤或者流程，每个公司或许会有所不同，但是一些必要的步骤必须遵循，很多公司的早会之所以没有持续下去，其根本原因就是早会没有形成统一的标准。早会流程一旦标准化，每个班组长可以按照标准化的早会流程进行操作执行，而不是靠班组长的能力来召开早会。班组长召开早会的流程如图 2-1 和表 2-1 所示。

① 早会列队　② 整理队形　③ 考勤报数　④ 早上问候　⑤ 总结昨天

⑥ 布置工作　⑦ 文件宣贯　⑧ 听取反馈　⑨ 团队口号　⑩ 会议结束

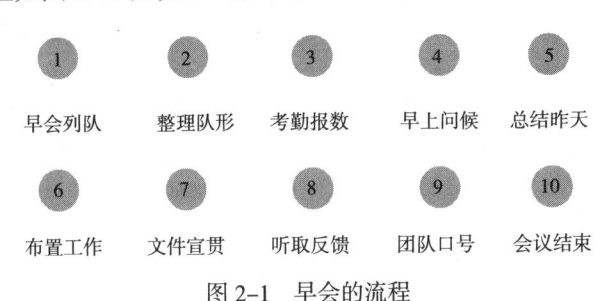

图 2-1　早会的流程

表 2-1　早会的十个步骤及详细内容

序号	步骤	详细内容	注意事项
1	早会列队	1. 队形：横形为班会或纵形为大会。 2. 顺序：高为右、矮为左或矮在前、高在后。 3. 站姿：抬头挺胸、双手放于腹背交叉、双腿迈开与肩平齐——跨立	1. 员工与员工之间的间隙为半臂距离。 2. 跨立而不是稍息
2	整理队形	1. 立正：抬头挺胸、双手的中指放于裤子的中缝位、双脚的足掌向外斜 45°。 2. 向右看齐：第二人的眼睛向右边人的鼻子看齐，右边的第一人保持立正姿势。 3. 向前看：第一人保持立正姿势，站立后面的人员向前面人的后脑看齐。 4. 跨立：抬头挺胸、双手放于腹背交叉、双腿迈开与肩平齐	1. 四个步骤顺序不能乱。 2. 正常操作即可，没有必要搞得像军队一样。 3. 跨立是右脚向右迈半步距离

续表

序号	步骤	详细内容	注意事项
3	考勤报数	1. 队形不变。 2. 报告人数。 3. 考勤通报	1. 报数时先由左到右报数，报数声音洪亮。 2. 最后一人报数后，高声说：报告主持人，报数完毕。 3. 主持人要说明本班组应到多少人，实到多少人
4	早上问候	1. 会议主持人问候参会人员。 例如：主持人问："早上好！"；参会人员回答："好！很好！非常好！"	1. 切忌不问好。 2. 切忌参会人员直接说：好。 3. 切忌声音不够洪亮
5	总结昨天	1. 新同事介绍（如果有）。 2. 表扬优秀员工。 3. 总结昨日品质异常（具体的质量现象、不良数、不良率、本质问题等，有不良品现场教育更好）。 4. 总结昨日计划目标完成情况（计划数、完成数、达成率）。 5. 总结昨日现场5S过失（作业台、地面、设备、消防设备等）。 6. 总结昨日生产安全问题。 7. 有技巧地点评员工重点缺陷	1. 切忌只说不听。 2. 切忌只批不奖。 3. 切忌笼统讲话，不拿数据说话。 4. 切忌不讲总结
6	布置工作	1. 安排今天的生产计划与产能目标。 2. 明确今天工序品质的改善及预防措施。 3. 公司或部门安排的工作、配合事项。 4. 对现场5S的改善及预防措施	1. 切忌不讲目标。 2. 切忌不说改善。 3. 切忌不协调配合
7	文件宣贯	1. 传达公司的制度、公告内容。 2. 公布昨天公司安排的培训内容	切忌只听不传
8	听取反馈	1. 听取员工做工作任务的安排是否满意。 2. 听取员工对公司下达的制度是否知悉。 3. 听取员工是否有其他不明白的事项	1. 切忌态度不好。 2. 切忌草草了事。 3. 切忌敷衍员工
9	团队口号	1. 每一个小组都必须有一个口号。 2. 口号内容要少于10个字，不能太长。 3. 喊口号的时候，声音要洪亮整齐	1. 切忌口号太长难以记忆。 2. 切忌口号不洪亮。 3. 切忌不文明的口号
10	会议结束	1. 会议结束后需要有一个指令表示会议结束。 2. 团队击掌五下，结束会议（一、一、一二三）	切忌没有结束指令

早会能够按照上面的流程召开已经非常不错，可以说这样的班组召开早会的水平能够达到优秀级别了，而且只是在早会召开流程上的优秀级别，如果想要比优秀再高一级，达到卓越的水平，那就需要在早会的内容上来进行打磨。为什么说需要对早会的内容进行打磨呢？用一个案例来说明早会内容的重要性。

案例：某公司早会召开现状

2018年在宁波某公司开展一个项目时，早上7：30笔者就来到了车间现场，就是来看一下车间的班组长是如何召开早会的，通过早会来看公司的班组长的管理水平和班组管理现状。

本来是早上7：30召开早会的，但是时间到了7：30，班组员工并没有全部到位，陆陆续续地又有人来排队，而且这个时候组长也没有点名迟到的员工。组长在讲话的过程中，排队的员工中有吃早餐的，有玩手机的，还有交头接耳说话的。本来计划是10分钟的早会，匆匆忙忙大约3分钟就结束了，而且排队时间就占用了2分钟，早会的核心内容只有不到1分钟的时间，对于今天早会的生产任务、品质重点、客户投诉、现场5S等内容几乎一带而过。早会结束后，笔者与班组长沟通得知，车间早会一直都是这么召开的，班组长感觉没有什么问题。

三、精益思维下的早会重点

相信很多公司的早会都存在上面案例中呈现的一些问题点，比如迟到的员工、说话的员工、玩手机的员工、站姿不好的员工，还有不讲目标的组长、不讲质量的组长、不讲安全的组长、不讲效率的组长。召开早会的目的不是来排队，更不是来聊天。召开早会的三个核心目的是讲任务、讲士气、讲总结。

那么，如何高效地将工作任务、工作士气、工作总结给员工讲解下去呢？必须跟组长明确地说明召开早会的核心重点在哪里！所以，笔者总结了精益思维下的早会召开流程，如图2-2所示。

```
前4个步骤相当于我们作业动作的"拿起"——15%
┌─────────────────────────────────┐  ┌─────────┐
│  ①      ②      ③      ④       │  │   ⑨     │
│ 早会列队 整理队形 考勤报数 早上问候 │  │ 团队口号 │
│                                 │  │         │
│  ⑤      ⑥      ⑦      ⑧       │  │   ⑩     │
│ 总结昨天 布置工作 文件宣贯 听取反馈 │  │ 会议结束 │
└─────────────────────────────────┘  └─────────┘
中间4个步骤相当于我们真正创造价值的地方——80%  最后2个步骤相当于我们作业动作的"放下"——5%
```

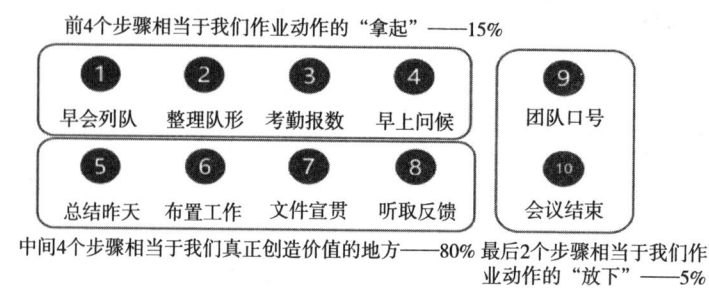

图2-2 精益早会召开流程

早会一共有10个步骤，假设我们召开早会的时间是10分钟（当然也可以是15分钟，依据早会内容的多少来决定早会时间的长短），前4个步骤（早会列队、整理队形、考勤报数、早上问候）所占的时间比例是15%，也就是1.5分钟，中间的4个步骤（总结昨天、布置工作、文件宣贯、听取反馈）所占的时间比例是80%，也就是8分钟，最后的2个步骤（团队口号、会议结束）所占的时间比例是10%，也就是0.5分钟。

为什么要这样划分早会的时间呢？这就是精益思维。首先，需要了解什么是价值，价值就是改变了物体的性能或者形状，加工产品工序的时候，员工双手进行作业，必须对产品进行拿起、加工、放下三个动作，其中拿起和放下是必须要做的事情，但是拿取和放下并不创造价值，因为它们并没有改变物体的性能或者形状，只有加工改变了物体的性能或形状，才能算是有价值的工作，所以必须控制拿起和放下的时间，因为它们不创造价值，这种思想就是精益思维。

在早会的10个步骤中，前4个步骤（早会列队、整理队形、考勤报数、早上问候），对于早会这个工作任务来讲，是不创造价值的，我们不应该花费很长的时间在这几个步骤中。同样地，后2个步骤（团队口号、会议结束）也是不创造价值的，也需要将此时间进行压缩。真正创造价值的就是中间的4个步骤（总结昨天、布置工作、文件宣贯、听取反馈），正是这4个步骤承接了班组生产的任务重担，必须让它有质量地召开，所以所占的时间比重会很多。很多班组长缺乏这种精益思维，不知道早会的核心价值重点在哪里，以为召开早会就是执行完成早会的 10 个步骤而已，把很多的时间花费在了整理队形、报数、喊口号上，其实是误解了早会召开的目的和核心内容。

四、早会召开的队形

一个早会召开得好坏，早会的流程步骤是非常重要的，还有一个非常重要的内容就是早会召开列队的队形，排列好早会队形有以下 4 个好处。

1. 能够让所有员工看得见、听得见班组长讲话

这一点是非常重要的，也是我们召开早会的初衷，如果员工不能够听见班组长讲话的内容，那么早会就失去了意义。为什么还要所有员工看得见班组长，或者说班组长也要能够看得见所有员工？因为班组长可以通过观察员工的表情来得知员工是否听得懂组长讲话的内容，可以观察员工的表情得知员工当天的工作情绪与状态是否良好。

2. 一览无遗地展示所有的人，可以让班组长更加平等地对待员工

有很多工厂员工召开早会没有良好的站姿，有当面吃早餐的、有喝水的、有玩手机的，队形没有安排好的话，组长是看不到这些行为的，这些行为不利于早会召开的顺利开展，更不利于生产任务的传达。

3. 关注重点工序员工，听取员工及时反馈

在生产工作中，经常会有一些重点工序，正是这些工序的内容决定了产品的品质，也是这些工序经常出现品质问题。所以，在早会中班组长要特别关注作重点工序的员工，听取他们的反馈。要将这些员工安排在早会的第一排，这也意味着员工排队的站位一定不是一成不变的，是可以依据需求进行变动的。

4. 迟到的员工要展示给所有人，作为警示和提醒

在召开早会的过程中，经常会有一些员工迟到，迟到后有的员工干脆就不参加早会了，有的员工悄悄躲在队伍后面。如果这个时候组长并没有对迟到的员工进行批评或者点名，就会纵容这样的行为。对于迟到的员工，组长一定要当面警示，单独给迟到的员工一个位置，将迟到的这种行为展示给所

有人，作为提醒。

早会召开的队形，有三种方式，如表2-2所示。

表2-2 早会召开的队形

队形示例	人数	距离
（领导、组长、迟到员工队形示意图）	10人以下	员工之间20~30cm 组长到员工的距离2~3米
（领导、组长、迟到员工队形示意图）	10人以下	员工之间20~30cm 组长到第一名员工的距离1~1.5米
（领导、组长、迟到员工队形示意图）	10~40人	员工之间20~30cm 组长到员工的距离2~3米

五、早会记录单

在召开早会的过程中，经常有班组长忘记召开早会的内容，下面的这个案例是笔者在温州某公司辅导时的真实情况。

案例：早会的内容问题

2019年10月12日早上，笔者像往常一样，去调研一家公司，看看这家公司的早会召开得怎么样，进而通过早会得知生产任务的安排、生产计划的执行情况。组长召集好了员工，但是在讲话过程中，出现了一些问题，组长是这样说的："今天我们要完成订单X20，大家要抓紧做，质量问题要把控好，把现场5S做好，不要厂长每次开会都讲是我们班组做得不好，其他的也没有什么说的了，反正大家就是要注意效率和质量。"组长在早会中基本上就讲了这么多，早会结束后，笔者找班组长询问，为什么早会这么短时间就结束了？他是这么回答笔者的："召开早会的次数比较少，我有点紧张，昨天明明想得很好，但是早会一开，紧张得把该说的内容给忘记了。"

一般的班组长基本上都是由一线员工提拔上来的，相对来说，普遍学历稍低，缺乏管理基础知识，更缺乏早会演讲讲话的基本功。这些原因导致很多的班组长在早会中囫囵吞枣，紧张地希望早会快点结束。精益班组长一般召开早会时非常有条理、有逻辑性、有精益思维，他们之间为什么差异如此之大呢？有一个非常重要的要素就是刻意练习，精益班组长会带着"早会记录单"每天持续开展，日渐精进。所以，即使现在他们不拿早会记录单，也能够稳定有序地开展早会。那么，这个"早会记录单"究竟会有多大的作用呢？"早会记录单"主要有六个作用。

作用一：总结昨天效率与品质；

作用二：及时地表扬优秀员工；

作用三：重大品质客诉及时讲明；

作用四：工作任务及时稳妥分配；

作用五：及时回顾昨天重点工作；

作用六：及时介绍新员工及生日。

"早会记录单"的样式如表2-3所示。

表2-3 早会记录单

组 别		应到人数		实到人数		主持人	
队伍整理	1. 全体立正　　　　（队伍不整齐—重复）						
	2. 向右看……齐　　（队伍不整齐—重复）						
	3. 向前……看； 　4. 点名； 　5. 各自检查服装、仪容、上岗证						
	6. 大家早上好　　（员工）好，很好，非常好！　 7. 跨立						

续表

组别		应到人数		实到人数		主持人	
寒暄分享	1. 问好士气状态	好 □		一般 □		差 □	
	2. 问候导入						
	3. 一个故事						
	4. 一点感受						
寒暄分享	5. 一个精神 公司文件、制度、通知						
早会内容	1. 昨日工作总结	1.					
		2.					
	2. 今日工作分配	1.					
		2.					
	3. 现场5S及其他注意事项宣导	1.					
		2.					
		3.					
临时增加内容							
口号：(组长)团结一致，坚持改善(可以修改)　　(员工)超越自我，勇创新高							
纪律情况	迟到员工				早会质量审核		审核人：
	缺席员工				总评：好 □ 一般 □ 差 □		
	会间违纪						
	整队情况	好 □		一般 □		差 □	
	员工互动	好 □		一般 □		差 □	

备注：
1. 持续性：每天早会一定要养成做记录的习惯，并且交办的事情一定要追踪到底；
2. 追踪性：为了确认早会的效果，以及员工是否把内容听进去，早会主持人要养成抽问的习惯；
3. 查阅性：会议记录单最好挂在车间班组的现场，便于员工查看；
4. 临时性：临时动议指的是新同事介绍、生日、表扬及员工提问等；
5. 全面性：会议内容涉及质量、安全、产量、生产计划、工作进度、5S管理等。

六、PDCA 在早会中的体现

PDCA 循环是威廉·爱德华·戴明20世纪50年代宣传、普及的，主要为解决问题的过程提供一个简便易行的方法。1950年，戴明担任产业界的讲师及顾问，其间帮助整顿、创立企业产业制度，塑造了风靡世界的企业管理模式。他的主要目的是，在持续改善的过程中运用PDCA循环，重建产业，从而使他们在不久的将来在世界市场上具备竞争力。

PDCA循环的含义是将质量管理分为四个阶段，即Plan（计划）、Do（执行）、Check（检查）和Action（处理），PDCA循环的四个过程不是运行一次就结束，而是周而复始地进行。

一个循环结束了，解决了一部分问题，可能还有问题没有解决，或者又出现了新的问题。因此，需要再进行下一个PDCA循环，依此类推。如果把整个企业的工作作为一个大PDCA循环，那么各部门、小组有各自小PDCA循环；同时P、D、C、A各步骤也可以再有PDCA的小循环。这样就像一个太阳系一样，大环带动小环，一级带一级，有机地构成一个运转体系，如图2-3所示。

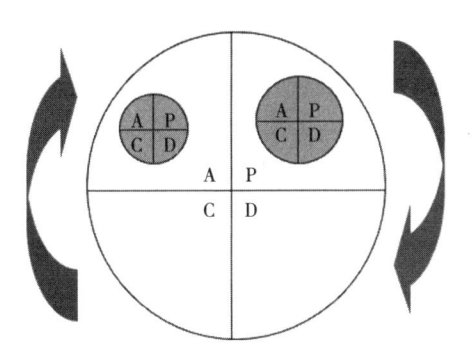

图2-3 PDCA循环图

PDCA是一个非常好的管理工具，班组长如果能够将其掌握并且持续地应用，班组长的能力一定能够得到持续提升。早会一般是班组长唯一的一次能够与所有员工面对面进行交流与教育的机会，班组长如果能够利用好这次机会，对于班组的产能和品质的提升会有很大的帮助，在早会中，PDCA的应用是非常重要的。

建立工作计划（Plan）之后开始执行计划（Do），在检查其结果（Check）之后找寻解决问题的方法（Action），这样的PDCA循环看起来比较死板，但是确是非常实用。

一般情况下，公司的生产计划部门将生产计划交接给班组长，告诉班组长今天要完成的订单数量，这是建立了计划；班组长将生产任务通过早会分配给不同的员工，告知每位员工制作的工序和品质要求，这是在执行计划内容；班组长在执行班组长标准作业的过程中，会在不同的时间段去查看员工生产的进度与品质，这是对结果的检查；在检查过程中，班组长发现某位员工进度缓慢或者生产出现品质问题，需要进行教导与品质辅导，这就是解决问题。所以说，班组长每天都在执行 PDCA 循环。假如说班组长针对员工出现的进度缓慢或者品质问题没有开展辅导或者跟踪，那么，这个 PDCA 循环就没有结束，班组长的工作就没有闭环。

在班组管理过程中，我们也可以将原有的 PDCA 内容进行延伸，即发现问题（Problem-finding）、可视化问题（Display）、解决问题（Clear）、确认（Acknowledge），我们把这个循环称为"解决问题的 PDCA"，如图 2-4 所示。

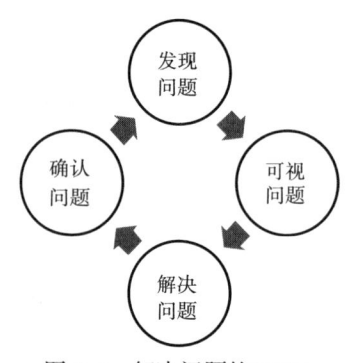

图 2-4　解决问题的 PDCA

发现问题：我们要去现场感知发生的异常情况与问题内容。

可视问题：通过一些可视化工具向所有人员公布异常情况与问题内容。

解决问题：了解问题现状之后，大家共同研讨解决问题的方法。

确认问题：确认实施行动计划后，问题是否得到根本性解决。

班组长和员工在执行生产计划的过程中，如果发现了问题，需要通过触动安东系统的管理机制，将问题进行可视化。员工也可以通过告知班组长，再由班组长将问题可视化。在这个过程中，班组长可以停线，通知全员召开问题分析会议,以确保全员统一问题的意识,并共同解决问题,在实施解决问题的行动计划后,班组长还需要确认问题是否得到根本性的解决。

传统的 PDCA 是以计划为出发点的,解决问题的 PDCA 是以发现问题为出发点的,对于班组长来说,发现问题和解决问题是其核心职责。在早会的过程中,班组长需要将问题点讲出来,甚至要可视化出来,通过早会这种方式给员工讲解发现的问题和如何解决问题。

解决问题的 PDCA 和达成计划的 PDCA 连接在一起,形成双连接 PDCA,如图 2-5 所示。我们可以将解决问题的 PDCA 理解成从达成计划的 PDCA 的实施部分延伸出来一个的另一个循环。

解决问题的 PDCA 是想告诉班组长现场的问题点要形成闭环,班组长每天在现场能够发现一些问题点,但是往往这些问题点没有形成闭环,也就是说,解决问题的行动计划实施的结果如何,班组长是否及时检查实施后的结果,问题有没有再次出现,有没有从根源上将问题解决。如果班组长确实能够从根本上解决问题,通过早会的方式给员工讲解问题是如何解决的,员工如何在生产中避免问题再次发生等,这样的早会才不会显得空洞,才是有质量的早会。

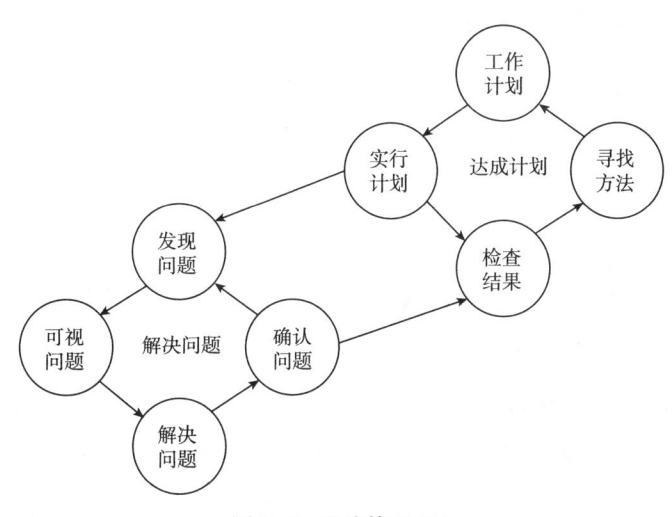

图 2-5 双连接 PDCA

第二节　班组交接班管理

一、为什么做交接

很多公司在生产过程中会有夜班或者三班制,那么在这个过程中就会产生交接的问题,怎么交接呢？很多班组长没有接受过系统的培训,都是按照自己的工作经验来进行操作。下面讲解一个案例,是做轴承的一家公司的交接班记录。

案例：交接班记录

在宁波某轴承生产公司,笔者去调研生产现场,在现场的墙面上发现了一个小本子,笔者拿过来看了一下,发现上面只记录了很多的数字和姓名,没有其他信息也没有其他标注。笔者不是很清楚这个本子的内容是什么意思。所以就问车间主任："这个本子是做什么用的？"车间主任回答道："这个本子是车间员工记录产能交接用的。"笔者当时很惊讶,交接班记录就是一个简单的小本子,而且里面只记录了产量,其他内容都没有进行记录,这不符合交接班记录的规范。

企业连续性生产,通常需要两个或多个班次的员工交替作业,交接班是生产中作业人员相互衔接、协调的过程,是一个班次的结束和另一个班次的开始,是保证生产连续正常进行的重要环节。每一个班次的工人在开始生产前,应了解上一班次的安全情况、生产情况、设备运行情况、能源情况及有无遗留问题,以及重点了解是否存在异常或问题,这个了解情况的过程就是通过交接班完成的。

交接班过程中，应该做到以下6个内容。

（1）设备交接：设备的异常、运行情况要交接。

（2）产量交接：生产产品的数量要准确交接。

（3）质量交接：生产产品的过程中出现的质量问题要交接。

（4）异常交接：本班生产过程中出现的异常问题要交接。

（5）5S交接：区域和设备的5S情况要维护好再交接。

（6）批示交接：上级领导的特别安排要及时无误地交接。

二、如何做好交接

必须要稳妥地做好交接班工作，以确保生产持续地开展，那么，如何做好交接班的工作呢？做好交接班工作有7个注意事项。

（1）交接时间：交接工作需要在规定时间内完成，提前10分钟进行交接工作，以确保工作生产的连续性。

（2）交接记录：交班时，交班人要如实、认真填写交接班记录，要详细填写当班期间的异常情况以及发生的问题，需要面对面在岗位上跟交接人交代清楚，在交接班记录上签上自己的名字后方可离岗，重大情况及时向领导汇报。

（3）交接确认：双方进行交接班的时候，接班人需要对交班的记录以及现场出现的问题与交班人确认。准确无误后双方在交接班记录上签字。

（4）交接无人：如果接班人没有按照规定的时间接班，交班人应及时向上一级领导汇报，在上一级领导安排好接班人后方可离岗。

（5）交接地点：如果是两个或者两个以上的单位在同一场地协同作业，交接工作必须在同一场地同一时间进行。

（6）交接要求：所有倒班岗位人员，必须按照规定的交接班制度完成交接工作，不得空白、敷衍，或者作假。

（7）交接异常：交接班时，突然发生设备异常，应有交班人处理解决，接班人协助解决，待异常处理结束后再进行交接。

某企业交接班记录表示例如图2-6所示。

×××××有限公司
加工中心　交接班记录

班次：　早班□　中班□　晚班□　　　　　　　　设备编号：

交接事项	交接内容							
机床交接	机床运转情况	正常□　不正常□　故障描述： 不正常临时对策：						
产品交接	规格/型号		产品名称			调机人		
	工序内容		定位方向			订单数量		
产品数量	生产任务数	加工完成数		加工报废数		未完成数		
工时交接	标准工时	来料不良数		来料报废数	来料报废数	装夹调机时间		
加工文件交接	加工程序单	有□　　无□		首件检验单	有□　　无□	其他工时		
	作业指导书	有□　　无□		生产计划单	有□　　无□	制程检验单	有□	无□
程序交接	程序编号			工装夹具	正常□　不正常□	编程人		
	程序编辑	完成□　未完成□		已检查□	未检查□	已调机□	未调机□	
产品质量检验	尺寸精度	稳定□		不稳定□	不稳定对策：			
	检验方式	首件自检□　制程抽检□　每____小时　抽检（　）只　　QC巡检□						
5S交接	1.做好物料标签、区分物料：有□　无□；2.清扫清洁机床、工作台及周边卫生：有□　无□； 3.设备点检工作：有□　无□；　4.水箱中的漂浮物和切削液上的浮油是否清理：有□　无□。							
检验方式交接	检查具	卡尺□　对比样件□　专用检具□　直角尺□　高度尺□　塞尺□　螺纹规□　塞规□						
	重点检测位置							
	特别注意							
备注								
说明： 1.交接班时必须详细填写该记录，不允许漏填！ 2.早班在15：00前填好表由中班接班者签字，中班在23：00前填好表由中班接班者签字，晚班在7：00前填好表后由早班接班者签字后统一上交。								

交班人：　　　　　接班人：　　　　　　　　　　　日期：____年__月__日

图2-6　某企业交接班记录表示例

第三节　班组的晚会管理

一、晚会的必要性

晚会，顾名思义，就是一天工作结束后的会议，有的班组长认为既然早会已经召开了，晚会就没有必要召开。早会是计划工作，对资源进行调配，并预定所达成的目标，所以很多时候，班组长没有召开晚会。晚会是总结工作，对过程进行反省，评审目标达成的状况。晚会召开主要有4个作用：

（1）总结今天工作目标完成情况，反思过程状态。

（2）对员工当日表现给予表扬和鼓励，及时改进不足。

（3）异常问题点及时进行总结处理，留出更多时间改善。

（4）晚会时间一般不要很长，员工辛苦工作一天，要讲重点，控制时间。

二、晚会的内容与形式

早会一般情况下是由班组长组织召开的，晚会可以安排优秀的员工来召开。以此来锻炼优秀员工，也可以让优秀员工进行经验分享，促进班组团队的合作精神。晚会的内容要少而精。

晚会的内容展开，如表2-4所示。

表2-4　晚会内容的4个方面

方面	第1个方面	第2个方面	第3个方面	第4个方面
内容	轮流主持	目标总结	不良剖析	合理建议
目的	锻炼员工 经验分享	反思过程 及时改进	及时发现 及时改善	全员参与 全员改善

切记：晚会时间一定要压缩，一定要控制，否则晚会召开的意义就会流失。另外晚会和早会的召开形式、列队方式是一样的。

第四节　班组长的沟通技巧

沟通是管理者最重要的工作之一，根据对有关管理者工作时间分布的研究表明，在管理者一天的工作时间里，有80%的时间用于沟通。

如果沟通不畅，管理者不能及时了解下属的想法，不能对其进行有效的激励，会导致士气低落；如果沟通不畅，下属就不能正确执行上司的指令，导致执行力低下，纠错成本高；如果沟通不畅，企业就不能把握客户的深层需求，无法提供受欢迎的产品或服务，导致客户流失、市场萎缩、经营业绩低下；如果沟通不畅，企业无法获得利益相关方如媒体、监管部门的支持，无法营造良好的企业生态圈，当面临危机时，往往陷入孤立无援的困境。可见，沟通是企业系统的生命线，没有沟通，企业就无从生存和发展。

沟通是我们做任何一件事情的中心，大多数人的问题都可以部分或全部归结于缺乏沟通、沟通误差或完全没有沟通。调查表明，企业沟通不顺畅，比如上下无共识、左右不配合、新旧不融合等是管理者面临的主要压力和问题。当企业内部沟通遭遇隔热层时，管理者之间相互猜疑，部门之间互不买账，管理层与执行层相互指责。此时班组将呈现"三低一高"的特点，即：班组效率低下、班组业绩低迷、团队士气低落、员工离职率居高不下！

作为基层管理者的班组长们，其身份是多元的，在沟通中起着上传下达的关键作用，因此，班组长的沟通意识、沟通水平的高低就成为关乎班组业绩好坏的一个关键因素。通过建立良好的沟通机制、营造健康的沟通氛围来提升班组管理者的沟通能力，对提高管理绩效、促进班组发展至关重要，良好的沟通能力是班组获得成功必备的基本功。

要做好沟通工作，管理者应能灵活运用各种沟通手段与沟通形式，克服沟通中的各种障碍，在管理实践中不断提高沟通技能。管理者学习高品质管理沟通的要领，可以掌握一些实用的沟通技巧，有助于改善和同事、下属、上司以及其他人的关系。

在与任何人沟通的过程中，班组长需要简化语言，以使对方更加清楚自己想要表达的意思。所以，班组长口头表达需要注意以下五点内容。

（1）整理过滤：把要表达的资料过滤，浓缩成几个要点。

（2）一次一个：一次表达一个想法、内容，讲完一个再讲第二个。

（3）观念相同：使用双方都能理解的特定字眼、用语。

（4）长话短说：要简明、中庸、不多也不少。

（5）要确认过：要确定对方了解自己真正的意思。

一、对上级：班组长沟通技巧

沟通能力从来没有像现在这样成为班组长的必备条件！

一个合格的精益班组长成功的因素75%靠沟通、25%靠天赋和努力。学习沟通技巧，将使班组长在工作、生活中游刃有余。

班组长在企业中处于基层的位置，上面的领导大部分是车间主任或者车间主管或者生产经理，由于大多数班组长本身缺乏先天知识要素，导致沟通底子比较薄弱，所以需要在工作中不断弥补沟通的知识和技巧。尤其是对于自己的上级，如何与上级进行恰当的沟通以获取自己所需的资源呢？

首先，在沟通的概念里，需要明确沟通的三要素，三要素是指心态、主动、关心。

心态有三个问题：自私——只关心自己的亲戚朋友；自我——别人的问题与我无关；自大——我的想法就是答案。

主动有两个问题：主动支援和主动反馈。

关心有三个问题：关心状况与难处，关心需求与不便，关心痛苦与问题。

对于班组长的上级来说，他所关心的内容无非是今天的产能能不能按时完成，今天在生产过程中班组发生了哪些质量问题，针对这些质量问题班组长能不能及时解决，有没有出现一些物料的异常，针对班组中出现的问题如果不能够自己解决是否需要我支援或者协调资源。在这个过程中，班组长需要站在对方的角度上思考，假如说我是车间主任，我需要掌握的信息有哪些？我需要如何对班组进行管理？班组生产遇到异常了，我需要得到什么信息？要想回答这些内容，班组长必须践实"三现主义"，要经常在现场了解产品的产能、品质、异常问题点，对自己班组的情况要了如指掌。只有将班组的全部信息掌握全了，才能为上级排忧解难。对于上级来说，班组长最好的沟通就是班组能够按时按量按质地完成规定的生产任务，同时将生产任务、产能情况、品质情况、人员出勤、异常信息进行可视化，可视化的信息是与上级建立沟通的载体，这个沟通信息比任何内容都要有分量、都要有质地。

对于与上级沟通的技巧来说，可以从五方面内容进行练习，不断强化班组长的沟通思维能力，进而提升班组长的沟通意愿和能力。

1. 从"他帮你想"到"你帮他想"

班组长的上级一般为车间主任要管理多个班组，少则五六个班组，多则十几个班组，对于每个班组都需要详细地掌握班组长的性格、能力、期望等因素，全面把控这些要素之后，才能有针对性地进行管理与领导。所以，很多情况下，班组长的上级领导很少能够全面把控。

所以要想成为精益班组长就需要转变观念，从被动型转变为主动型，从"他帮你想"转为"你帮他想"。班组长的上级领导也会遇到一些困难、有不知所措的时候，假如班组长能够帮助上级领导排忧解难、出点金点子，这些内容就是在当时最好的沟通方式。减少上级的困难、减轻上级的压力、减缓上级的心力，是精益班组长必须做的事情。精益班组长这样做了之后，当公司有职位空缺的时候，精益班组长就容易被提拔上去。

案例：为什么他能当上车间主任

2021年8月，笔者辅导了苏州的一家制造企业，这家制造企业一共有12个班组，分为2个车间，分别为一车间和二车间，每个车间有一个主任。由于公司当时制造系统升级，一个车间主任要调派去管理制造系统升级的事情，所以这个车间主任的位置就空缺了，需要从班组长中选出一个新任车间主任，究竟该选择谁呢？这是困扰厂长的难题。从那时起，厂长就开始观察车间中班组长的行为表现。他发现其中一个班组长赵伟在开班组长会议的时候，经常带头主动散发一些积极的力量给其他班组长，比如公司最近在开展一些5S的工作，其他班组长不乐意配合、不愿意开展，赵伟所表现的行为就不一样，劝说其他班组长开展5S的好处，要坚决维护公司的政策。3个月后，当厂长和主任沟通谁能够担任车间主任时，厂长和主任的想法一致，都推荐赵伟担任。为什么赵伟能够顺利担任车间主任呢？就是因为他的想法都是从车间主任的想法开展的，他能够为车间主任排解制度下发推行的障碍，能够说服大家配合执行。这样的班组长一定是精益班组长，也一定能够成为优秀的车间主任。

2. 管理期望——管理上级对你的期望

每一个班组长的上级领导都希望自己的下属班组长不要多管、多问、多沟通，更多的是希望能够做到自我管理，在产能、品质、现场5S等方面能够做好自己班组的管理。但是现实往往事与愿违，正是因为班组长做不到规定的效率、规定的品质，维持不好现场5S，所以才有班组长的上级车间主任的存在。那么，作为精益班组长的我们如何管理才能满足上司对我们的期望呢？首先，需要具有主动思维，上级需要了解的内容，要主动进行汇报；其次，需要具有变革思维，上级最大的困惑就是他说的话班组长不听，不进行改变；最后，需要具有目标一致思维，上级的期望和班组长的期望是一致的，才不会演变为冲突。

案例：有关产能目标设定的问题

在一次早会上，车间主任和班组长召开例会，说明各个班组昨天的效率和品质问题，制定今天各个班组的效率和良率目标。每次制定这个效率和良率目标时，车间主任遵循的方法都是先听一下各个组长自己制定的目标，然后修正他们的目标。作为车间主任来说，他希望每个班组都能够突破目前制定的目标水平，不能一直在当前状态下徘徊。但是，常规班组长一般情况下都不愿意去突破，因为突破意味着要改变原来的工作方式，作为2组班组长的陈奕名主动说出我要提高我的班组良率10%，同时，邀请刘老师帮助我来提升我们班组的良率水平。车间主任听到这样的话后，非常高兴，因为2组组长能够站出来，主动进行改变。每一个上级领导都喜欢能够看出自己想法的人，并且也愿意帮助主动改变的人。

3. 多汇报——注意上司的不安全感

假如你的上级经常找你沟通，你认为为什么会出现这样的情况？从根源上讲，就是这个班组存在的问题比较多，让上级多了担心与困惑。作为精益班组长，经常做的事情就是将现状进行可视化，这些现状信息包括班组的产能、生产产品的品质、班组的异常等，这些信息正是上级想要了解的内容，上级领导最困惑、最没有安全感的内容就是对某一个班组的生产信息一无所知。精益班组长需要消除上级的这种不安全感，方法就是多沟通、多汇报，让上级领导知道班组的生产信息，从而为生产决策提供依据。

案例：车间主管为什么总是表扬他

每次在辅导企业期间，笔者总是会参加一下班组长的会议，这个会议一般是由车间主任召开的。有一次，3组组长在会议上抱怨："主任，你为什么每次都去1组现场查看？每次会议上都表扬1组组长，为什么不表扬一下我们？"当3组组长说完后，其他组长也应声道："说得是啊，我们做得也不差啊，我们没有得到一点表扬。"主任叹了一口气说："其实，对于每个班组来讲，在我这里都是一样的，都是平等的，为什么我愿意去1组现场，因为每次我去他的现场，我能看到我所想看到的信息，比如产能目标，现在的进度如何，在现场看板上一目了然。质量情况，哪个员工做得好，哪个员工做得不好，针对做得不好的工序，组长是如何解决的，1组组长将我想看到的内容都进行了可视化，出现异常的时候也能够及时通知我，能够让我省心啊。你们其他组长可以做到吗？"其他组长听了之后，都默默低下了头。

4. 多沟通——主动让上司了解你

了解一个班组长，往往需要从多方面去了解，工作中的了解是一个方面，另一个方面就是生活中的了解。所以，在工作之余，精益班组长经常做的事情就是多和上级领导主动沟通，让上级领导了解自己的优点与缺点，掌握自己的不足，以使上级领导更好地辅导、教导你。比如：中午吃饭的时候，可以邀约上级领导一起吃饭，将遇到的问题和上级领导说一说，这些小的事情恰恰可以反映沟通的好处。

案例：一个矛盾让我和上级的关系升级

2019年在宁波辅导过一家做儿童鞋的公司，生产线一共有2条，其中有一个班组长叫李伟，我对他的印象特别深刻，尤其是发生了一件事情之后。6月5日下午，李伟正常地在生产线上忙前忙后，这个车间的主任刚上任不到2个月，据说是从越南那边的NIKE鞋厂回来的，懂得一些精益的思想与模式。车间主任走到李伟的班组，看到李伟没有按照车间主任昨天要求的内容进行整改，非常生气。在车间现场，把李伟直接骂了一顿，李伟自己也很委屈，因为他自己也知道车间主任说的内容是好的，但是他不知道具体怎么做。听李伟说完后，我建议他晚上找车间主任沟通一下，让车间主任了解他的难处。李伟晚上与车间主任吃了一次饭，说明了自己的难处——不是不想做，而是不知道如何做。车间主任也明白了不是李伟态度不好，不愿意做，而是自己没有告诉李伟如何做。慢慢地，经过了几次磨合，李伟和车间主任的关系变得非常好，经常互相沟通工作中的问题点。

5. 多称赞——上司也需要激励

在企业中，上级领导往往在决策、处理问题等方面显得比较孤单。孤单但不是孤独，上级领导也会遇到一些问题、一些难处，这个时候，需要作为下级的班组长应进行激励。在工作中，多称赞上级领导的决策英明、改善对策等。对上级来说，能够被下级肯定也是一件非常欣慰的事情；对于下级来说，能够称赞上级，说明上下级之间的目标和方向是一致的，在处理问题的解决措施上是相通的。经常这样做，会减少上下级之间的矛盾。在工作中，精益班组长会主动发现上级的优点，主动称赞上级的英明之处。正能量的称赞一定能够得到良好的结果。

案例：上级的教导使我的班组产能提升10%

作为车间主任，管理一个车间的所有班组，负责所有班组的产能和品质。笔者曾经辅导过一家生产电动牙刷的工厂，这家电动牙刷有2条装配线，车间主任像往常一样在车间巡线，发现装配线A组的工位安排不合理，车间主任可以明显地看到，有一些工序堆积的产品很多，另外一个工序的员工在等着产品从流水线上下来。车间主任找到装配线A组的组长张宇，告诉他："你的流水线工位安排得不是很合理，你看这样调整一下，把这两个工序的时间都测算一下，然后平均分配一下，尽量让每一个员工做的工序的时间差不多相等，和节拍时间不能偏差5%。"张宇听后，觉得车间主任说的有道理，就立刻开始测时，然后调整了一些工序，将工序时间进行了平衡，到了下班的时候，张宇计算了一下产能，今天的产能比前几天的平均值310件多了31件，产能足足提升了10%。张宇也没有想到，车间主任的一句话，让我能够实现班组产能提升10%。张宇原来的时候还不怎么佩服车间主任，他认为车间主任没有什么大不了的，这次张宇对车间主任刮目相看。张宇将产能提升的事情告诉了车间主任，车间主任脸上露出了满意的笑容。

二、对部门：班组长沟通技巧

一般情况下，由于班组长是在制造业的核心部门，是真正为企业创造价值的地方。所以，采购、计划、仓储、人事、技术、研发等部门都是为班组提供资源的，这就迫使班组长必须和这些横向部门进行沟通，以处理解决问题。但是，由于班组长是企业中职位最小的管理者，所以，很多部门的管理人员都不把班组长这样的岗位当作一回事，往往不屑一顾，或者说，那是你自己的事情，我做的事情与你无关。那么，作为真正为企业创造价值的班组部门如何与横向部门进行有效沟通呢？一般情况下，班组长与横向部门沟通时基本上是想要获取某种资源，这种资源是在生产的当下马上需要的，从其他横向部门来说，这也是横向部门存在的原因，也是横向部门为班组提供的内容。但由于班组长沟通的问题，往往并不能得到他想要的结果。为什么会出现这种情况呢？究其根本原因，是横向部门不属于自己的部门，也就是说，我做的事情你管不着我，我也不需要按照你想要的时间、内容去做。这个往往就是配合的问题。所以说，想要让横向部门配合班组长解决生产存在的异常问题，无论这个异常问题的归属是自己导致的还是横向部门导致的。首先，重要的就是态度问题。我们想要别人帮忙，需要放下面子，摆出合适的态度，用合适的语言来表达自己想要说明的内容，具体可以参照下面五个步骤进行开展。当然，不同的场景，不同的公司文化也会导致实施的步骤不同，但是遵循其核心的原理原则是不会错的。

1. 态度和善，用词礼貌

首先，无论班组长遇到任何问题，当需要和横向部门进行沟通时，切记一点：态度上一定是和善的，一定要面带笑容地寻求横向部门协助，千万不要面带怨气来寻找抱怨，这种情况下，横向部门往往是不愿意帮助你的。在语言表达的过程中，多使用一些敬词，比如：请您帮助看一下，您有时间了解一下，谢谢您的配合，感谢您的支援。即使这件事情不是横向部门的事情，班组长这样说了，相信大多数人也愿意协助你解决问题。

案例：我现在没有时间

2021年3月，笔者在辅导一家服装厂的时候，课题是做班组产线效率提升。过程中，班组需要物料都准备齐全并且能够及时准确地到位，4日15:00的时候，组长气冲冲地跑进辅料间，有些生气地质问辅料仓管员："你们上次发给我们组的组扣没有到位，缺少了300个，每次能不能都发全啊，我们在现场走了好久！"辅料仓管员一听组长这样抱怨，直接说道："我每次都按照数量发完了，你们现在找不到了，那是你们的事情，我现在没有时间！"辅料仓管员不再搭理组长，组长也只好灰溜溜地回去了，回去之后组长找车间主任开始理论，希望车间主任出面协调这件事情。车间主任听后，直接批评了组长："你这样去找人说，你觉得合理吗？每次人家发物料都让你签字，现在扣子找不到了，是你自己的问题，你还态度不好地找人家，人家当然不愿意给你补料了，做事情，尤其是弥补你自己犯错误的事情，首先态度要好，其次才说事情的经过，而且要人家帮忙，要用缓和的语气和对方说话，对方才愿意帮你。"组长听主任这么一说，知道了自己的错误,车间主任和组长一起去辅料仓库,才协调解决了这件事情。

2.让同事明白这件工作的重要性

一般情况下,班组长与横向部门进行沟通,一定是基于某种需求所采取的行动。当这种需求不能够被满足时,说明本次沟通失效,没有达到目的。所以,班组长在沟通之前,一定要做一件事情,就是让横向部门明白沟通的这件事情对于自己而言有多重要。很多情况下,横向部门会站在自己的角度思考这件事情的重要性。所以,班组长一定要让横向部门清楚地认知到这件事情对于自己来说有多么重要。横向部门的同事了解到这件事情对你的重要性后,才会更加积极主动地协助你完成。

案例:你的事情有这么着急吗

每月一次的大扫除活动开始了,通过大扫除活动,能锻炼员工的责任意识和发现问题的能力,进而提升班组全员改善的能力。在大扫除开始之前,班组长要将大扫除活动需要用的工具准备好,7月19日确定9:00~10:00是大扫除的时间,4组组长告诉笔者,他的大扫除工具还没有准备好,清扫楼顶用的长扫把没有人帮他准备,他抱怨地说道。笔者就问他:"这个扫帚本来是谁负责准备的?"他说是后勤人员。后来,我们一起找到了后勤人员,后勤人员说:"我不知道这个扫帚是你们现在就要的,而且我看车间每个员工机台上都有一把扫帚,还要扫帚做什么,你要是和我说清楚这个扫帚是9点开始使用,是用清扫楼顶用的,我就帮你准备了。"误解消除了,后勤马上帮组长准备了扫帚。

3.给同事更大的自主权

当班组长想要横向部门的同事协助时,应该将自主权交给横向部门的同事。也就是说,班组长最好不要提出一些看似苛刻的要求,比如,你必须今天下班前要给我这个资料,你必须给我解决物料的问题,你应该找你的上级领导沟通等。这样的沟通方式会令横向部门的同事感觉你是他的上级，你在给他下命令。当班组长需求帮助时，一定要让对方有更多的时间与空间来完成这件事，这个时间和空间是对方来定义的，而不是班组长站在自己的角度定义的。比如，谢谢您协助我完成这件事情，您看您什么时候能给出这个交期信息？非常感谢您的支持，您看您做的事情需要我提供哪些资料？需要别人帮助我们的时候，班组长一定要给对方更大的自主权，让对方来决定处理的时间、流程、结果。

案例：为什么不能下班前回我信息

2021年8月的一个下午，裁剪车间主任在车间里着急地走来走去，笔者看见车间主任，就问："主任，有什么事情吗？看起来你好像很着急的样子。"主任说："是啊，我现在在等一款面料进仓，缝制车间催着要生产，所以今天晚上必须加班把面料裁剪出来，我现在在等着采购给我回复面料进来的时间。"笔者就问主任："采购说了面料大概什么时候回来吗？"主任说："采购说是下午能到，你看现在快5点了，面料还没有到。"笔者让主任打电话给采购，采购说："这个事情我忘记了，马上下班了，明天再处理吧！"笔者听后感觉事情没有那么简单，就问主任："你当时是怎么和采购说这件事情的？"主任说："我当时有点生气，因为车间一直催着我要裁片，我没有布怎么裁剪呢？所以我就强烈要求采购面料必须下午进仓，否则后果自负。"笔者听后，知道问题出在哪里了，笔者和主任详细说明了沟通的重要性，讲清楚了他的立场，让他和采购打电话道歉，后来，采购员在下班后还跑去面料厂沟通，面料在19：00的时候进仓了。

4. 让同事提出疑问

为了使沟通能够顺畅进行，班组长不能一直讲自己的现状问题，对于对方有没有听清楚你讲的问题，需要留出时间，让对方提出过程中的疑惑点，只有班组长认真聆听对方提出的疑问，同时班组长也对对方提出的疑问进行了解答，这样的沟通才算正式成立了，对方才知道了本次沟通的核心目的。切记，对方在提出疑问的过程中，班组长不应该打断对方的疑问，更不应该说：这个事情你都不懂啊，你怎么连这个事情也要问这种话述，以免打击对方与你沟通的积极性。班组长要深切地知道，横向部门并不属于班组长的上下级部门，能够命令指挥他的只有他的上级。所以，班组长必须站在相对低一点的角度来思考问题，不是迁就，而是展示尊重对方。

案例：我不能按照你说的方式执行

在一次月度生产会议中，车间主任说明了开展车间5S活动的痛点，希望后勤部门能够派出人力解决公共区域的卫生问题，比如洗手间。洗手间虽然在车间里面，但是应该由后勤部门负责日常的清扫和点检，不应该算作车间里面的区域。反正后续这个洗手间我们不负责清扫，日常稽核的时候也不要算在我们头上。后勤人员一脸蒙，从来都没有人和我说过洗手间要放在日常5S稽核中，本来有一个阿姨负责清扫洗手间的，但是没有人告诉我这个区域要车间负责啊。我很早就知道你们在制定5S稽核区域，但是为什么没有人告知我这个区域要参与5S日常稽核？我没有将区域责任推出去的意思，我负责就是我负责，但是得有人告知我一下吧？所以，目前这个区域参与5S稽核，我不同意，第一，5S标准还没有搞清楚；第二，我需要和阿姨讲清楚这个事情。使用部门是生产部门，但是日常维护部门是后勤部门。我要给阿姨详细制定清扫维护的时间和标准。我有一个请求，后续涉及后勤的事情，和我打个招呼，尊重一下我。车间主任听了后勤主管的话，羞愧得一句话没有说。

5.共同探讨状况、提出对策

在与横向部门同事沟通的过程中，班组长并不是将问题抛给对方，而是需要和对方一起来探讨现场的情况，共同研究解决的方法。如果只是一味地将问题抛给对方，一般情况下对方是不愿意帮助你解决的，对方希望班组长能够将现状的数据信息交代清楚，在给出信息的过程中，双方共同研讨解决问题之道，这是让对方伸出援助之手最基础的保证。当然，在沟通过程中，班组长如果有好的建议或想法，也可以提出来，看对方是否愿意接受这样的建议。

案例：你能不能帮我解决

在月度品质会议上，品质部经理抱怨道："每次到班组去巡检，发现个别的班组没有按照工艺要求进行制作，导致客户投诉，这种事情已经不是第一次发生了，张主任，你告诉我怎么办？"品质月度会议一开始品质部经理就给车间主任扔了一个炸弹。车间张主任不紧不慢地说："王经理，你说得对，偷工减料不是第一次发生了，之前品质部也针对这种情况做了规定，偷工减料者发现一次罚款200元，既然公司拟定了规章制度，你为什么不按照制度执行呢？另外，发生了这种事情，你当时有没有通知我协调解决？你开会就把问题抛给我，这个问题不是我解决的，公司有制度有规定，你按照制度执行就可以了。当然，我有职责和义务去和班组长沟通，避免这种事情再次发生。但是发生了这种事情，怎么解决，这是你的职责，我不能行使你的职责。"

三、对下级：班组长沟通技巧

班组长的下级就是一线员工，一线员工往往学历低、理解能力差、悟性低，面临一线员工的这种特性，班组长必须站在他们的角度思考问题、沟通问题、解决问题。这样才能让班组长及时与员工进行沟通和解决问题。所以，当班组长与员工沟通时，需要秉承的态度是放低心态、语气平和、互相理解、积极向上。

班组长与一线员工沟通时，需要遵循3个步骤。

1. 了解状况＋要求反思（要言之有物）

班组长的下级就是一线员工，一线员工普遍没有很高的文化，对事情的理解能力较差。所以，从这个方面来讲，班组长在与下级沟通的过程中，就需要详细了解实际情况，而且要直言不讳地说明事情的本质内容，不能含糊，要言之有物。在了解现状的时候，要用丰田所倡导的"三现主义（现场、现实、现物）"，将发生的事情了解清楚之后，有针对性地与下级进行沟通。比如发生了品质问题，班组长必须将发生品质的根源调查清楚，在现场了解品质不良发生的过程，而不是在办公室里凭空想象，更不是大声呵斥员工为什么这么简单的事情都做不好。班组长与一线员工沟通的目的就是解决产能问题和品质问题，还有5S管理的问题，在这几个问题中，一般情况下，假如是员工做得不好，班组长首先要反思自身原因。

案例：我不知道你说的是什么

在一次产能提升的班组会中，笔者详细测量了每道工序的时间，结合流水线中堆积产品的实际情况，很快就找到了工序中的瓶颈工序，所谓瓶颈工序就是时间最长的工序，或者说员工来不及做的工序。当笔者将测量的结果和堆积的情况与班组长沟通后，班组长了解了实际情况，也知道了班组产能提升不了的工序是瓶颈工序，班组长希望这道工序的员工能够做得快一些。所以，班组长走到该员工的身边说："你做得不够快啊，你看你旁边堆积了这么多产品，已经影响整个班组的产能了。"员工说："我怎么影响班组产能了？我从上班一直做到现在，连一口水都没有喝，你还说我做得慢，我到底慢在哪里了？"班组长无话可说了。

2. 提供方法＋紧盯过程

当一线员工对于效率提升或者品质良率提升没有好的方法时，班组长千万不要说：那是你的事情，你来这里就是做产能的，自己想办法解决。这样的回答定会使员工丧失信心。在这个过程中，精益班组长经常使用的一个技巧叫作工作教导，工作教导的16字方针是我说你听，我做你看，你说我听，你做我看。精益班组长会提供方法给一线员工进行试做，在试做过程中，要员工站在他的左肩旁观看，精益班组长做工序的同时，要说做这道工序的要点是什么、假如不做这个要点的话会发生什么问题。精益班组长做完一道工序后，会问员工："我做的内容，你看清楚了吗？你了解到我说的要点了吗？你现在可以操作吗？"员工接着会按照精益班组长说的要点内容，在精益班组长的旁边再做一遍，在做的同时，还要说做本道工序的要点内容，以防发生品质不良。做完这一件产品之后，精益班组长还不能离开，还需要继续跟踪员工再做2~3个产品，方可离开。

案例：我都这样教导你了还不会做吗

在一次良率提升的活动中，有一个员工不管班组长怎么教导，良率就是提升不了，每天都有15件不良品产生。针对这种情况，笔者进行了现状把握，去现场了解情况。笔者看到班组长对员工教导的过程就明白了为什么良率提升不了，班组长每次去教导员工的时候，会亲自示范这道工序怎么做，告诉员工之后，就直接走了。员工到底会不会做，做的情况怎么样，班组长没有问，也没有看。后续询问员工，员工根本不知道班组长说的是什么，具体做法也不是很明白，又因班组长比较强势，所以员工也不敢问班组长问题，这是导致班组长的沟通无效，良率没有得到明显提升的原因。

3. 接受意见 + 共谋对策 + 给予尝试的机会

沟通的目的是解决某个问题，当班组长给员工提供了建议和方法后，班组长当然希望员工能够接受，不过如果只是班组长单方面强硬地将建议塞给员工，员工一定不会情愿地接受。即使接受了，也是基于权力的压迫而接受。所以，在这个时候，班组长需要做的事情是和员工共谋对策，一起协调解决，而不是说你一定要听我的，我的方法绝对有效。和员工一起共同解决问题，往往能够体现班组长和蔼的一面，也能够让员工充分接触班组长，以互相了解，促进沟通顺畅。在做的过程中，多给予员工尝试的机会，不要担心员工失误，让员工通过尝试去了解班组长给的建议是否有效，员工尝试班组长给的建议之后，结果表现出好的一面，员工会感受到与班组长沟通的甜头，就会激励他再次沟通，促进两者关系越来越融洽。

案例：公司从来都不问我们的需求

在一次辅导的过程中，有一家企业的员工在车间工作现场存放私人用品用尽了脑筋想解决办法，就是无法改变员工习惯，不管多少次去车间里查看，都能看到私人用品，老板对这样的现场行为也不满意，希望能够改变这种行为。后来，笔者就将车间主管都支开，召开了一线员工会议，听一听大家的想法，有的员工说："下雨了，我们的雨伞根本没有地方放，没有人替我们想办法，我们是有一个柜子，但那个柜子太小了，根本放不下什么东西。车间离食堂很远，有的时候，我们自己带了吃的，就不愿意去食堂……"这样的问题，员工说了很多，笔者接受了员工的一些建议，也听取了他们的一些想法，给员工购置了雨伞架、加大了私人用品柜并在车间空的区域设置了员工休息区，员工可以在休息区吃饭饮水。整改之后，车间工作现场再也没有看到私人用品。

第三章
蜕变路径：日常能管理

日常能管理：基层班组长在班组长这个岗位上，必须要具备不断反思自己的能力，针对自己管理的范围内，针对人、机、料、法、环五个要素拟定的标准，不断地遵守标准即维持能力，也要在日常管理过程中，不断地自我稽核，强化问题意识，通过不断解决问题，提升自己的管理能力，这样才能够针对日常管理的标准，有强大的班组管理能力。

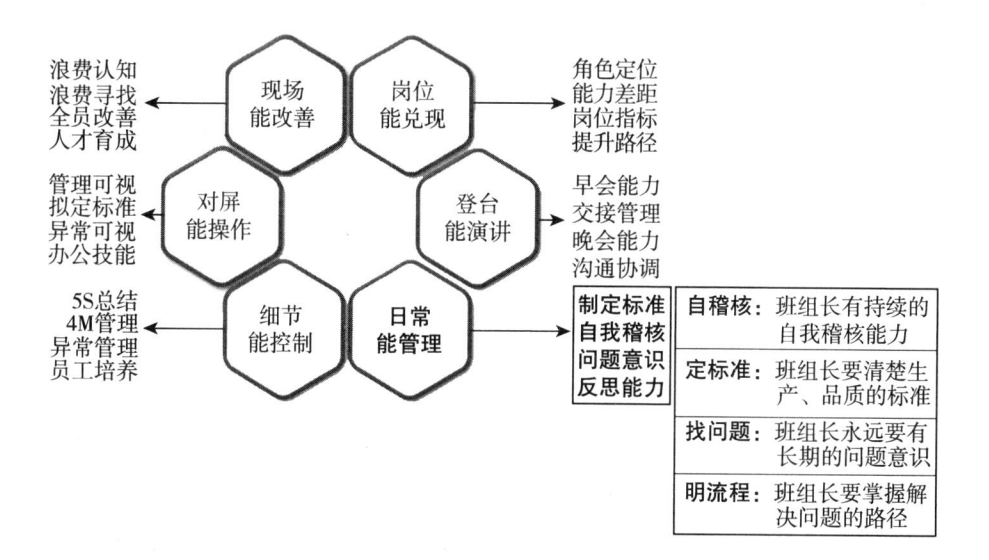

浪费认知
浪费寻找
全员改善
人才育成
→ 现场能改善

岗位能兑现 ← 角色定位
能力差距
岗位指标
提升路径

管理可视
拟定标准
异常可视
办公技能
→ 对屏能操作

登台能演讲 ← 早会能力
交接管理
晚会能力
沟通协调

5S总结
4M管理
异常管理
员工培养
→ 细节能控制

日常能管理

制定标准
自我稽核
问题意识
反思能力

自稽核：	班组长有持续的自我稽核能力
定标准：	班组长要清楚生产、品质的标准
找问题：	班组长永远要有长期的问题意识
明流程：	班组长要掌握解决问题的路径

第一节　班组的日常管理

一、日常管理的定义

日常管理的英文简写是 DM（Daily Management）。日常管理是一个纠偏工具，当结果出现较大偏差时，日常管理就要想办法让它回到平稳的状态，确保各项工作在正确的时间以正确的方式完成一个持续的过程，以便根据公司的战略目标实现业务的成功。它需要对战略部署定义的行动进行日常监控，以验证预期结果是否达到，如果没有达到，则及时提出纠正措施，如图3-1所示。

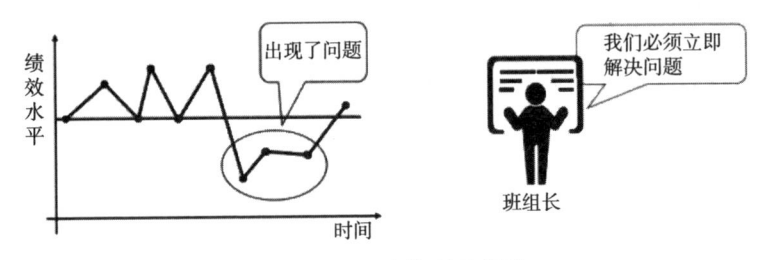

图3-1　日常管理示意图

简单的可视化工具应该始终使实际的、当前的绩效清晰地可视化出来，并说明它与预期绩效的对比。这是有效突显偏差的唯一方法。

日常管理是使组织中所有层级、各个岗位的人员都可以清晰地看到每一天绩效的高低（如有必要，甚至是每小时、每周或每月）。它有助于快速识别偏离目标的情况，这使得流程中的每个人都有同等的责任采取必要的措施来快速纠正问题并恢复预期的绩效水平。

日常管理是被设计用来创建和保持自律和持续的关注、紧迫感、责任心的精益管理过程。通过日常管理，给管理层和工作团队提供标准的流程和方法，将工作团队的绩效与部门指标、组织目标结合起来，确保公司制定的战略计划和目标得以落实。说简单点，日常管理就是班组长对日常班组管理的过程管控。在日常管理过程中，班组长要将每天的问题写下来，只有看到了问题才会想着如何解决它，记下来便于日后避免类似问题再次发生。只有将各类问题一一解决了，才能保证生产线接下来稳定生产。

日常管理并不会创建新的流程，流程通常由公司的战略部门制定，新流程标准化之后，就是日常管理需要执行的内容。日常管理中的班组领导力、问题解决流程等都是依据现有的流程来执行的，保证生产系统稳健运行。

在班组生产管理过程中，为什么日常管理显得尤为重要呢？生产管理是通过管理过程来交付结果，所以班组长需要关注整个生产过程，通过关注过程，保持持续改进，促进有效的团队合作和沟通，最终形成现状观察、共同改善、持续提升的一个良性循环，如图3-2、图3-3所示。

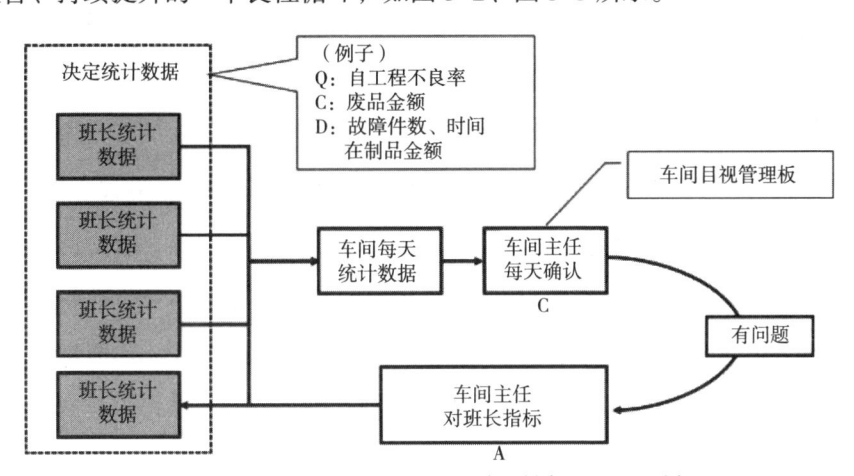

图3-2 日常管理的基本——有效运转每日PDCA循环

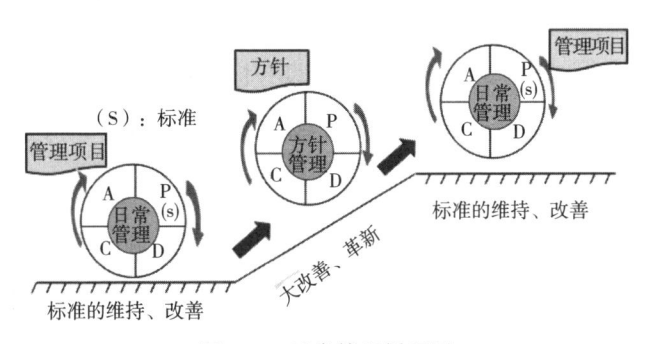

图3-3 日常管理循环图

如果把一个公司的业务进行划分，公司的业务管理＝日常管理＋方针管理（课题）。

日常管理就是班组日常经常做的事情，在确定的时间，用确定的方法，确定的流程、标准和范围，就会使工作结果也是确定的。所以说，日常管理的目的是维持已经获得的成果。

方针管理是因为生产过程中有需求，但之前没有做过的事情，用解决问题的方法，追求彻底地解决问题（防止再发），获得成果后要做成标准和流程，并横向展开，展开之后按照既定的标准进行执行就形成了日常管理。

日常管理体系指的是公司上下层级全面实施日常管理。日常管理的核心思想在于思想的流动，而思想的流动取决于我们日常对问题的理解程度以及解决问题的决心。在日常管理过程中，检查也是其中的一项工作，一般来说，管理层是需要按照固定频率来现场检查进度的。管理层重点关注这些项目是否按照计划执行，下一步行动是什么，是否需要领导层的协助来消除执行中遇到的障碍，从而确保每个执行项目都会得到不同层面和角度的审视。

班组长的日常管理有三个项目：现场5S、人员工作内容、KPI。

现场5S：现场5S管理是班组最基础的管理，通过5S管理来发现问题，培养员工的问题意识，进而锻炼一支强有力的班组。5S管理是基础管理内容，但是越是基础的内容，很多班组越是做不好，说明做得不够彻底与仔细。

人员工作内容：班组内人员工作内容是依据目标进行分配的，每一个员工的作业内容也应该是标准化的，因为只有标准化的工作内容才能够维持住标准工时，从而确保在预定的时间内完成，保证客户的交期达成。

KPI：每一个班组都应该通过方针分解确定清晰的月度工作目标和每天的工作目标，在日常管理过程中，应快速解决问题以缩小目标与实际之间的差距，达成班组的KPI，在这一过程中，不断解决问题，从而锻炼班组的活力与学习力。

班组日常管理有两大支柱，就和 TPS 生产方式有两个支柱一样，一个支柱是异常管理，另一个支柱是人员培养。通常说的异常管理就是标准与现状之间的差距，解决了异常，班组的目标基本就达到了；针对人员培养，一般情况下，班组的人员培养不应该是在培训室进行的，而应该是在现场进行的，通过对问题的现场观察、不断地实践三现主义，通过不断地问为什么，锻炼班组人员的深度思考能力，从而找到问题的根源。只有这样，才能提高班组人员的能力，实现人员培养。

在日常管理过程中，固化一个日常管理会议，通过会议机制不断回顾问题和解决问题。一般情况下，日常管理会议会有四个层级会议，即班组级会议、车间级会议、部门级会议、工厂级会议，如图 3-4 所示。

日常管理会议体系

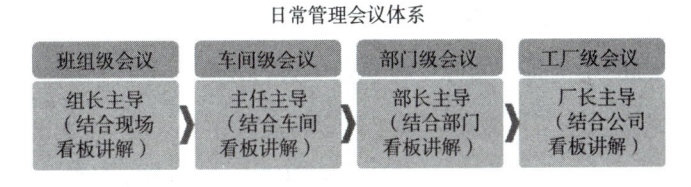

班组级会议 → 车间级会议 → 部门级会议 → 工厂级会议
组长主导（结合现场看板讲解）→ 主任主导（结合车间看板讲解）→ 部长主导（结合部门看板讲解）→ 厂长主导（结合公司看板讲解）

图 3-4　日常管理会议体系图

班组级会议：主要主持人是班组长，班组的全体成员参加会议，频率一般以天为单位，以早会的形式详见班组长的早会管理。

车间级会议：主要主持人是车间主任，车间的所有班组长参加会议，频率一般以天为单位，会议核心内容是班组日常管理中遇到的疑难杂症（往往需要跨部门协作的问题）。

部门级会议：主要主持人是部长，车间的所有主任参加会议，频率一般以周为单位，会议核心内容是生产产能和质量问题（是否可以满足客户交货要求）。

工厂级会议：主要主持人是厂长，公司内所有部门部长参加，频率一般以月为单位，会议核心内容是客户订单和公司重大问题。

日常管理本身是一个工具，会议机制是承接这一工具的一个载体，通过不同层级的会议来解决日常管理中遇到的问题，进而回归到标准中。为了使日常管理更加完善，就需要搭建一个日常管理体系。这个日常管理体系由日常管理会议和 Gemba Walk 组成，如图 3-5 所示。

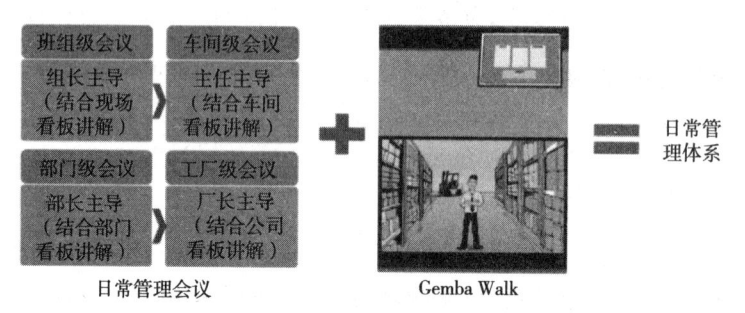

图 3-5　日常管理会议体系

Gemba 广义上讲，它就是"事件发生的地方"；狭义上讲，就是指企业的"工作领域"或"工作位置"。

Gemba Walk 指的是在实际工作场所中进行观察，寻找问题，将潜在的问题可视化，从而提升工作效率，杜绝问题再次发生。

班组的日常管理活动中，为什么要执行 Gemba Walk 呢？执行 Gemba Walk 主要有六个目的。

（1）让整体业务目标清晰可见（使每个人的活动与整体目标连接在一起）。

（2）提供数据来经营业务活动（使过程数据与经营业务连接）。

（3）更好地捕获实时的实际绩效，以立即暴露问题（使问题得以快速解决）。

（4）鼓励每个人快速地从根源上解决问题（运用 5WHY 解决问题）。

（5）直观地显示出随着实际推移朝着目标的进步（小步伐、持续性）。

（6）稳定过程绩效，以便于发现异常（关注过程胜于结果）。

Gemba Walk 开展的方式主要有两种：定期设置专题，进行现场巡视检查和定期不设置专题，进行现场巡视检查，发现问题后进行分类处理，如图 3-6 所示。

第三章 蜕变路径：日常能管理

开展方式	定期设置专题，进行现场巡视检查		定期不设置专题，进行现场巡视检查，发现问题后进行分类处理	
开展步骤	Step 1 问题&信息汇总 Step 2 解决优先顺序排序 Step 3 设立Gemba Walk专题 Step 4 组建Gemba Walk小组 Step 5 开展Gemba Walk Step 6 问题处理及评估	◆现场5S及三定管理； ◆设备故障 ◆安全 ◆浪费 经理、主管、领班 ME、PE、IE、QE、EHS、HR	Step 1 组建Gemba Walk小组 Step 2 开展Gemba Walk Step 3 问题分类 Step 4 问题处理 Step 5 问题跟踪及评估	浪费查找表 问题点检表 成立项目课题
要点：	1.Gemba Walk应该尽可能保持简短45~60分钟 2.提前制订走动计划（时间、议程、输出物） 3.参与者必须做好准备，职责分配明确 4.专注于什么是至关重要的 5.倾听		6.管理层参与（管理者、部门主管、团队领导、项目成员） 7.不需长时间讨论，迅速分配责任或对个别项目进行快速决议 8.关注看板上的信息	

图 3-6　Gemba Walk 开展的 2 种方式

不同类型的 Gemba Walk 依据开展内容的不同，展示的目的也是不一样的，具体如表 3-1 所示。

表 3-1　不同类型的 Gemba Walk

类型	具体内容
主管走看（每天多次）	检查区域的 5S 状况
	检查客户产品质量问题
	检查工序标准作业的执行情况
绩效看板走看（最常见的走看）	标准与现状的差距
领导团队走看（每天 2 次）	观察作业单元的人员状况
	随机查看团队在看板前讨论问题的解决状况
	发现改善机会的过程
价值流走看（每周）	识别大的浪费点
浪费识别走看（共同起点）	寻求走看的共同目的，培养对浪费的认知
客户走看（每月不定期）	客户的需求价值决定工厂现场的价值

很多公司在执行 Gemba Walk 的过程中，并不是一帆风顺的，往往是前期开展得比较顺利，时间过了一两个月，慢慢地就开始走形式，没有人愿意去执行 Gemba Walk 了。为了避免这种不好的结果发生，使 Gemba Walk 能够稳定地开展下去，在开展 Gemba Walk 时需要注意以下 5 个方面。

1. 一次一个对话

在开展 Gemba Walk 的过程中，每次到现场查看时，切记每次只开展一个内容的对话。开展一个内容的对话能够聚焦问题点，从而开展改善，如果开展的内容多了，容易导致问题不清楚，对方也不明白到底哪些问题需要改善，其实一次一个对话也符合"单因素实验法"。

2. 确定走看领导

依据不同类型的内容开展 Gemba Walk，不同类型的内容要选择不同的领导，同时领导开展的频率是非常重要的。切记不能让不明白不了解现场的领导去做 Gemba Walk，这样做往往适得其反。

3. 展示尊重，多听少说

在现场依据清单巡视指标时，要多听区域负责人的想法，尊重现场、尊重他所负责区域的做法，多倾听他为什么这样做，这样做的过程是怎么样的，能够达成什么样的结果。首先不要否定他说的内容是对的还是错的，展示尊重的前提就是先听他说完。切记不要说"你不用说了，我基本上都知道了"这样类似的话语。

4. 不要现场做出判断，要寻求理解

在现场开展 Gemba Walk 时，一定会看到一些问题点，这些问题点往往不是产生问题的根源，大部分是问题产生后的现状展示，所以，在开展过程中，不应该当面做出判断说明这件事情的好坏，更多要做的是理解对方，站着对方的角度上思考问题，寻求改善。

5. 不要进行争辩

针对现场问题、指标问题等内容，无论班组长如何辩解，都不需要和班组长争论，争论的结果往往不是好的结果，会偏离当初设定的主题内容。与其争论，不如仔细聆听，听清楚后再尝试反馈，这样或许会好一些。

二、日常管理的流程

日常管理流程如图 3-7 所示。

1. 梳理关键绩效指标

从客户的角度来定义关键指标，无论品质、交货、成本都要列出关键的

绩效指标，比如每天的目标产能达成、人均产能、班组不良率、班组报废率、每天的计划达成率、每天的安全问题统计。班组的指标需要结合客户的需求，同时结合自己工厂的实际来建立。

01.梳理关键绩效指标	02.分解绩效指标到部门与班组	03.Gemba Walk 寻找问题机会
站在客户的角度上思考客户的需求是什么	从高到低，从系统到层级，层层分解，细化落地	现状与标准，走动管理识别改善机会
04.问题解决 5W2H	05.例会召开 分层分级	06.持续改善 PDCA
核心问题，高层介入层层分解，确保实施	分为四个层级会议，拟定流程，确定时间	用A3制定课题方案，用"报、联、商"进行日常交流

图 3-7 日常管理流程图

2. 分解绩效指标到部门与班组

一定要结合公司的组织结构，建立工厂级、部门级、班组级的指标，使得指标通过层层分解和每个人的工作紧密结合，让工厂内部班组长、车间主任、部门经理、分厂厂长等都知道每天、每周、每月都需要做什么，以及如何通过管理关键绩效指标来保证每天的正常运行，IE 工程师或精益专家团队则通过每天的问题识别和解决来聚焦在关键问题的解决和突破上。

3. Gemba Walk 寻找问题机会

如果现状与标准有偏差，我们定义为班组产生了问题。所以我们先要定义标准。每天的产能标准是多少，每天班组的良率是多少，每天的计划达成率是多少，这些都是指标的标准线。如果没有达成目标的标准线，班组要研讨问题是什么，原因是什么，如何采取对策解决问题，从而通过解决问题来提高班组的活力和能力。

4. 问题解决 5W2H

现状与标准之间有了差距，也就出现了问题。问题需要有相关的责任人来解决，班组的一般问题解决责任人都是班组长，至于班组长解决不了的问题就需要车间主任介入，从而问题升级到第二层级的会议主任级会议中。在定义问题时需要用 5W2H 来进行阐述，比如出现了什么（what）问题，什么时候（when）发生的，为什么（why）会产生这样的问题，这个问题谁（who）负责解决，在什么地方（where）发生的问题，这个问题如何（how）解决，解决这个问题大概需要花费多少（how much）人力物力资源，如表3-2所示。

表3-2 5W2H计划表

序号	工作内容 做什么	实施事项 怎么做	目标 为什么做？做到什么程度？	责任人 谁来做？	协助人	计划/实施 何时做？

5. 例会召开分层分级

日常管理的会议分为四个层级，分别为班组级会议、车间级会议、部门级会议、工厂级会议，在这四个层级的会议中，需要确定支持人、参加者、会议时间、问题点关注对象、会议记录等详细内容。

6. 持续改善PDCA

通过A3报告、课题项目等形式对问题进行系统性分析和解决，在解决问题的过程中，跨部门沟通衔接时要用报联商的方式，报联商的内容详见班组长沟通的内容。

三、日常管理之屋

日常管理强调管理者每天需要做的工作，目的有二：一是维持已经获得的成果，让它不要下滑；二是激励员工继续努力，共同向下一个目标前进。这听起来像是老生常谈，并无新意；也就是因为大家太习以为常，明明知道日常管理的好处，但由于不同的原因，管理者往往把这些每天要做的事拖延至周、月、季度甚至年度检查。结果导致许多公司投入大量资源后，却不能有效地管理绩效，更谈不上把企业做大做强。

经过笔者研究，总结出了日常管理之屋（图3-8），不同的公司日常管理之屋可能会有所差异。每家公司的背景、文化、精益层次等不一样，所以日常管理的内容也会有所差别。不过，欣慰的是，我们企业班组每天都在针对同一个指标做一些事情，所以目标是一致的，只是通往目标的过程会有些差异而已。

图3-8 日常管理之屋

第二节 现场的管理标准

标准是对重复性事物和概念所做的统一规定，它以科学技术和实践经验的结合成果为基础，经有关方面协商一致，由主管机构批准，以特定形式发布，作为共同遵守的准则和依据。

在制造型企业中，会有很多标准，这些标准涉及现场、工艺、质量、安全等要素，通过拟定标准，让作业人员遵守标准以完成生产任务。

另外，透过标准也可以发现一些问题点，进而解决问题，让标准再次回归到原来的水平。生产现场的标准包括：5S标准、班组长工作标准、设备点检的标准、生产产能的标准、生产品质的标准、员工作业的标准。纵观中国很多民营制造企业，正是因为缺乏这些标准，导致生产现场经常出现问题，生产班组长每天处于"忙、盲、茫"的状态中。要改变班组长的这种状态就需要从标准着手，先从现场5S标准开展，5S是呈现一家公司现场实力的管理工具，通过全面开展5S，建立各个区域的标准，让员工遵照标准完成任务。

一、5S 管理的标准

5S活动不仅能够改善工作环境，还能提高生产效率、产品品质，提振员工士气等，是减少浪费、提高生产力的基本要求，也是其他管理活动有效开展的基础。

5S即：整理、整顿、清扫、清洁、素养五个要素。

整理：区分哪些是有用的、哪些是少用的、哪些是不需要的，然后将无用的东西清除现场，只留下有用的和必要的东西。

整顿：经过整理后的工具、器材、物料、文件等必需品，按其性质和使用程度定置定位并予以标识，当需要时便于立即找到。

清扫：将岗位清扫到无垃圾、无灰尘、无脏污的干净状态，同时检点细小处。

清洁：维持整理、整顿、清扫后没有脏污的清洁状态，并进行到底。

素养：以身作则，自觉遵守规章制度，养成良好习惯。

在开展5S活动的过程中，通过整理清理出现场不需要的物品，通过整顿对需要用到的物品进行定置定位，通过清扫找到设备、现场污染源，开展根源的治理工作，通过清洁做到每天都需要整理、整顿、清扫工作，最后作为制度，让员工养成每天开展 5S 活动的习惯。

对于班组长来讲，在生产现场的每个区域都拟定一个 5S 管理标准是非常重要的，这个标准需要告诉所有人这个区域规范的样子是如何的。以图文并茂的方式张贴在该区域，并且要对所有员工进行培训，以做到所有的员工都掌握这样的标准（图 3-9）。所以，区域 5S 标准是非常重要的，制作区域 5S 标准可以遵循 5 个步骤，如表 3-3 所示。

办公区清扫整理基准

清扫整理目标效果图	清扫整理标准				
	物品名称	数量	清扫方法	清扫频率	目标状态
	电脑显示屏	1	干抹布擦拭	1次/周	显示屏、显示器支架、后背无灰尘、污迹，联线整齐，无绕线现象
	鼠标及鼠标垫	1	键盘刷+抹布		表面及底部无灰尘污迹
	电话机	1	抹布擦拭		话机表面、底部、话筒槽无灰尘污迹
	待办文件区	1	抹布擦拭		桌面仅放置当周使用的文件资料个人离开办公桌1小时以上时，将文件放到代办文件区
	桌面	/	抹布擦拭		桌面干净整洁、无杂物，物品定点放置，做好相应标识
	水杯	1	水冲洗	按个人习惯	定点放置，干净，无明显污迹
	台面	1	干抹布擦拭		定点放置，表面无灰尘
	绿色植物	1	湿抹布+小喷壶		定点放置，无枯枝败叶，叶面无积尘
	键盘	1	键盘刷+抹布		按键表面及缝隙无积尘、污迹，键盘内无杂物
	电脑主机	1	干抹布擦拭	1次/周	定点放置，主机上及侧面不放置其他物品，表面无灰尘
	网线、电源线	/	抹布擦拭		线路整齐有序，无明显污迹
	抽屉	1	抹布擦拭		抽屉物品摆放整齐，办公室抽屉只放置当月个人使用的办公用品，不放置待办文件及公共资料等
	椅子	1	抹布擦拭		无灰尘、污迹

图 3-9　区域 5S 管理标准

表 3-3　5S 实施步骤表

步骤	详细内容	要点
步骤一	彻底开展整理活动，确保区域只保留必要的物品	一定要彻底，否则后面都无效
步骤二	必要的物品进行定置，并确定数量	数量不能确定的一定不是必要品
步骤三	对必要的物品进行清扫方法的确定	清扫方法要研究，减少清扫负担
步骤四	对必要的物品清扫频率的确定	清扫频率要逐渐减小
步骤五	定期对区域进行更新标准	持续更新标准才能不僵化

要确保车间的每个地方都有相应的标准,并对全员进行培训,员工按照标准遵守区域 5S 的标准要求,这样才能做到开展 5S 管理不遗漏车间的每一个角落。

二、班组长工作的标准

班组长的标准作业是精益管理中非常重要的一个集成工具,看似班组长的标准作业开展起来非常简单,但是包括了很多精益工具,比如 5S 管理、Gemba Walk、作业改善、可视化管理、快速换模、TPM 设备管理、团队协作能力等。持续开展班组长的标准作业对于提升管理者的精益领导力会有很大帮助。

在第一章中详细讲解了班组长日常的标准作业,既然班组长的标准作业是班组长日常工作的标准,作为精益班组长应常常问自己,我今天做的这些工作是否有价值,是否是日常工作中必须开展的内容,假如这些工作不开展,会导致什么样的后果或者下一道工序是否可以顺利开展。

一份标准的班组长的标准作业有至少 5 项要素(表 3-4)。

表 3-4 班组长的标准作业 5 项要素表

序号	要素	要素的作用
1	时间节点	将一天工作的时间进行时段化,确保工作节奏合理
2	工作事项	将一天的工作内容进行模块化,确保工作内容无遗漏
3	行动内容	将模块化的内容进行详细说明,确保任何人都能看懂
4	使用表单	表单是承载信息的工具,务必确保表单的简单与统一化
5	对接对象	告知下一个客户是谁,客户的需求才是班组长的核心

这样做的班组长的标准作业能够固化班组长每天的工作内容,切实将日常工作中的信息流动起来,加快了信息流转的速度。同时,也可以让班组长更加清晰地认知到下一道客户所需的资料与时间点,做到真正的信息 JIT。

班组长的标准作业能够成为共同的语言及日常管理工具，班组长的日常管理行为能够层层递进、层层分解、层层实施，这样也可以促进公司的方针目标得到具体的实施。

在落实班组长标准作业的过程中，需要将班组长的标准作业进行可视化，可视化本身就是班组长的一项任务，同时，将班组长的标准作业可视化之后，可以让班组长的上级主管看出班组长在不同时间段的核心任务是什么。可视化的班组长的标准作业成为与上级主管沟通的桥梁，同时，班组长的上级主管也可以在班组长日常工作中给予指导，进而促进班组长能力的提升。班组长的标准作业示例如表3-5所示。

表3-5 班组长的标准作业示例

班组长日常管理行为规范作业标准					
时间	工作事项	序号	行动内容	使用表单	对接对象
7：30～8：00	班前准备	1	确认交接资料，检查交接信息与实际是否相符	"交接数据记录表"	记账员
		2	检查现场设备有无异常	"设备点检表"	保养责任人
		3	核定生产用材料、零件是否充足	"生产计划"	领料人员/仓管
		4	现场5S是否合格（固定的东西是否放在固定的位置）	"5S检查标准"	区域责任人
		5	上一班次存在的问题全面回顾或了解（多班次查看交接班记录、询问上班次负责人）	"工作交接记录"	交接人
8：00～8：15	开班前会	1	出勤点名并如实填写考勤记录	"考勤表"	记账员
		2	检查劳保用品的佩戴和观察员工的身体、精神状况	"早会记录单"	作业员
		3	指出上一班次存在的问题并提出预防或解决指施		
		4	布置当班各项任务并提出要求，要求事项主要包括质量、安全事项等		

续表

班组长日常管理行为规范作业标准					
时间	工作事项	序号	行动内容	使用表单	对接对象
8:15~8:30	现场巡视	1	确认员工操作情况，安全防护、纪律	"设备操作作业规范"	作业员
		2	确认机械设备、工装夹具清洁有效	"设备日常点检表"	
		3	确认材料（零件）到位情况，发料的正确性	"生产过程控制卡""领料单"	采购/仓管
		4	确认作业指导书、工艺技术文件的正确性	"作业指导书""样品"	技术员
8:30~9:00	制造品质状态监控	1	根据首件、不良品数、QC反映的异常问题点，确定当前制造品质状态	"首件确认/样品"	IPQC
		2	制造品质变异、重大不良、报废等应协同质量人员及时召开分析会议	"品质异常记录单"	
		3	特殊加工须按图抽查确认，如模具、量具等必要时协同技术部门确认	"班长工作日志"	工序主管/技术

三、设备点检的标准

几乎所有的工厂都有设备，但并不是所有的公司都非常注重设备的点检与维护。在日常工作开展过程中，监督与落实设备的点检与维护是班组长日常工作不可缺失的部分。

设备点检工作就是根据需要对公司的设备进行全面的确认和检查，确保设备在使用中可以做到无故障、无损坏，事先起到预防的作用。所以必须对设备的点检工作进行标准化，并对员工进行培训，进而做到设备点检时间的压缩与减少。

为了使操作者能胜任对设备的点检工作，对操作者进行一定的专业技术知识和设备原理、构造、功能的培训是必要的。这项工作可由设备管理人员

第三章 蜕变路径：日常能管理

负责。

设备的点检通常可分为开机前点检、运行中点检、周期性点检三种情况。

（1）开机前点检就是要确认设备是否具备开机的条件。

（2）运行中点检是确认设备运行的状态、参数是否良好。

（3）周期性点检是指停机后定期对设备进行的检查和维护工作。

确定点检项目就是要确定设备在开机前、运行中和停机后周期性需要检查和维护的具体项目，可以根据设备的有关技术资料、设备技术人员的指导和操作人员的经验完成。一开始确定的点检项目可能很烦琐，不是很精炼、准确，以后可以逐渐对其进行简化和优化。在操作者的能力范围内，要做到设备的点检项目尽可能完善，保障设备的日常运行安全、可靠。设备点检示例见表3-6。

在确定点检项目的同时，要相应地制定每项点检项目的点检方法、判定基准和点检周期，以便点检工作的实施。

点检方法、判定基准和点检周期的定义如下：

（1）点检方法是指完成一个点检项目的手段，如目视、电流表测量、温度计测量等。

表3-6 设备点检表示例

设备点检表

设备型号：3MK226		设备名称：全自动内圆磨床	设备编号：	2019年 月
点检项序号	点检部位	点检内容	点检方法	点检标准
1	液压油箱	油箱存油量	目测油箱窗口	窗口下油位线以上
2	操作面板	总停是否可靠	按油泵启动确认油泵已启动后按总停键	油泵停止机床无任何启动项
3	操作面板	复位开关是否可靠	在自动状态时同按下程序启动与复位键	机床在原位没有任何动作
4	机床工件轴后面	限位开关是否正常	目测	进给极限位限位开关指示灯亮
5	定量润滑泵	透明油盒内油量	目测	透明油盒油量在上下油位线之间
6	定量润滑泵	定量润滑泵是否正常	在通电状况下按点动按钮	定量润滑泵显示工作时间逐渐变小
7	电主轴专用冷却水箱	电主轴冷却液流动正常	目测	有适量的回流冷却液
8	电主轴座	电主轴转动是否正常	手摸、目测与耳听	无明显振动及杂音
9	工件轴皮带	工件轴皮带松紧度	手压皮带两轮中间位置	皮带变量≤5mm

点检项1	点检项2	点检项3	点检项4	点检项5	点检项6	点检项7	点检项8	点检项9

日期	1	2	3	4	5	6	7	8	9	10	11	12	13	14	15	16	17	18	19	20	21	22	23	24	25	26	27	28	29	30	31
点检结果																																
故障写序号																																
异常措施																																

说明：	正常：√	异常：填点检异常项序号	停机：○	次用3号前各车间汇总后交设备科
填表人：		车间主任：	班组长：	设备科：

（2）点检基准是指一个点检项目测量值的允许范围。它是判定一个点检项目是否符合要求的依据，如电机的运行电流范围、液压油油压范围等。判定基准不是很清楚时，可以咨询设备制造商或根据技术人员（专家）的经验先进行设定，以后再逐渐提高管理精度。

（3）点检周期是指一个点检项目两次点检作业之间的时间间隔。

点检表格是对设备进行点检作业的原始记录，通常包括：点检部位、点检内容、点检方法、点检基准、点检实施记录，异常情况记录应尽量在现场对"点检表"进行揭示，以监督点检作业的实施。

随着点检工作地进行，员工的经验会逐渐增加，技术水平会逐渐渐提高，点检工具和维修备用品的条件也会得到改善。在这种情况下，对点检项目重新进行评估检讨，确认点检项目并进行简化和优化已经成为可能。对点检项目进行优化的目的是促进点检水平和点检作业效率的提高。

对点检项目进行优化的要点如下：

（1）提高判定基准的精度。

（2）省略或合并某些点检项目。

（3）使点检作业更直观、容易。

注意：安全、品质点检项目不可取消。

在设备较集中的场所应考虑设置点检通道。点检通道的设置可采取在地面画线、制作点检地图或设置指路牌的方式，然后沿点检通道，依据点检作业点的位置设置若干点检作业站。这样，点检的员工沿点检通道走一圈，便可以高效完成一个区域内各个站点设备的点检作业（图3-10）。这样做能有效避免点检工作中出现疏忽和遗漏。其中还要注意的要点如下：

（1）点检通道设置的要点。

（2）点检时行进路径最短。

（3）点检项目都能被点检通道中的站点覆盖。

（4）沿点检通道，点检者很容易找到点检站点内各点检作业点的位置。

前面讲到点检作业分为开机前点检、运行中点检和停机后周期性点检三个方面，开机前点检和运行中点检的效果一般比停机后周期性点检要好。

设置点检通道的方式，应用于开机前点检和运行中点检，能很好地避免失误发生，提高点检作业的效率。

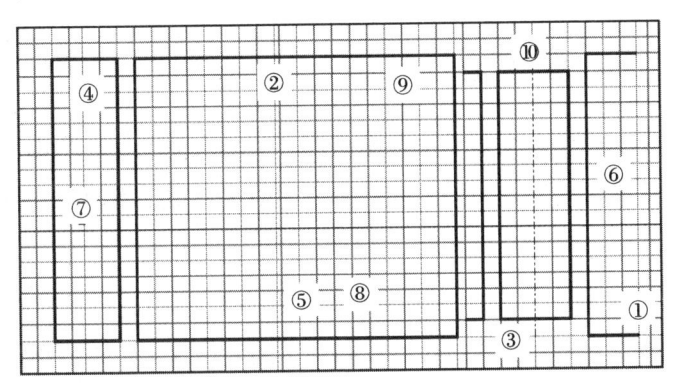

图 3-10　设备点检路径图

班组长必须掌握设备的点检标准，并在日常工作过程中对操作设备的员工培训设备点检的标准内容。设备点检表的设计要力求简单、务实，采用图文并茂的方式来展现，能够让一线员工更快地掌握设备点检的内容。

四、生产产能的标准

产能作为一个班组工作的核心内容，代表每个班组每天的产出标准，班组长必须知道产能的计算方式，以及如何实现班组每天设定的目标产能。

标准产能是指设备、人力等因素都在正常情况下的最大生产量。

班组长每天管理人、机、料、法等因素，核心目的就是确保在正常的作业条件下，能够达成计划部制定的目标产能标准。所以，班组长必须学会制定标准产能，必须清晰地知道每天应该完成多少数量的产品。

通常情况下，标准产能的表现方式有 2 种，第 1 种是指班组全员一定时间内的产能，第 2 种是指班组成员在一定时间内的人均产能。

计算标准产能的方式分为两种方式，第 1 种是指以设备为主进行的单人作业生产，第 2 种是指以流水线为主进行的多人配合作业生产。

班组长应依据不同的生产类型，学会计算班组的生产产能。在能够制定每天的标准产能后，班组长就能够知道影响标准产能的因素有哪些，这些因素的掌握对于提升班组的产能有非常大的帮助。产能具体的计算方式与影响因素将在本章第三节详细展开介绍。

五、生产品质的标准

质量是企业的生命，是班组求稳的标志。品质标准是一个班组在做产品的过程中需要遵循的要点内容，要针对不同的客户拟定不同的标准，而不应该用一个标准来对应所有的客户，这样会造成生产的过度浪费。

企业工厂在生产过程中，为了确保产品质量，要进行品质检验，通过抽查或全检的方式对产品质量进行检验。不同的产品根据生产规格和客户要求，检验规格也不同。

品质检验亦称质量检验。通过各种检验手段，包括感官检验、化学检验、仪器分析、物理测试、微生物学检验等，对进出口产品的品质、规格、等级等进行测试、鉴别。其目的就是判别、确定该产品的质量是否符合规定的产品质量条件。

一般的情况下，品质检验的标准是品质部负责制定的，班组长必须清晰地知道这些品质标准，这样才能确保生产的产品品质符合标准。

一般情况下，品质检验的标准包括检验项目、检验标准、检验方法、检验数量四项内容（表3-7）。

检验项目：产品有多种特性，而这些质量特性所指定的检验质量项目，谓之检验项目。

检验标准：针对产品的特性拟定的符合产品质量的标准。

检验方法：针对产品的特性，运用不同工具、方式检测产品达到要求的标准。

检验数量：明确不同批次的产品抽检的数量。

表 3-7 质量检验标准示例

项次		检验项目	质量要求（允许偏差）	检验方法	检验数量
主控项目	1	土基基面	符合设计要求，且已通过验槽	观察，查阅验槽签证	全仓
	2	施工缝	表面洁净，无乳皮，无积水，无积渣杂物；成毛面，微露粗骨料	观察	全仓
一般项目	1	基面高程	有混凝土垫层：±20mm；无混凝土垫层：-20~0mm	水准仪	每块或每 100m² 测 4 点
	2	地下水位	低于基面 500mn	观察	全仓

作为一个班组的领导，班组长必须深刻理解产品的品质标准，并将标准告知每一位员工，员工按照产品的品质标准进行作业，这样才能确保所做的产品符合质量要求。

六、员工作业的标准

员工作业的时候必须遵照的标准就是员工作业标准，通常情况下，我们把作业的标准叫作 SOP，也就是标准作业指导书。

标准作业指导书一般情况下是由 IE 或者工艺员制作的。但是，作业班组长必须学会看 SOP，班组长在查看 SOP 的过程中，以下 5 点是必须要遵循的。

第 1 点：SOP 中所注明的物料名称和数量，一定不能用错物料；

第 2 点：之前作业中出现过的一些加工错误，班组长要拿着 SOP 对员工进行培训；

第 3 点：作业中的治具不能使用错误，治具的参数要按 SOP 要求设定好；

第 4 点：SOP 中重点的注意事项，班组长要对作业的员工进行讲解；

第 5 点：一定要叮嘱员工按照 SOP 的作业方式进行作业。

其实在很多公司中，存在对于 SOP 有一些误解的行为，他们认为 SOP 限制了创造性，使一切显得枯燥无味。有些公司害怕执行 SOP，因为他们认为，一旦实际情况事与愿违，SOP 的概念会使得公司对创造性的输入不够开放。其实一旦 SOP 就绪，你就会发现，人们更倾向于分享他们对当前事务状态上的输入，你会看到来自全体人员更多的改善建议。

毋庸置疑，当所有的事项都标准化后，发现特定问题的根本原因往往会更加容易。你没必要玩可怕的猜谜游戏，试图搞清楚为什么某些事情会发生，而你所需要做的仅仅是跟踪执行的步骤以及发现哪些步骤是如何偏离标准流程的。在这种情况下，SOP 可以成为一个为公司做非常多事情的强有力的工具。即使你的组织中当前有一些消极的东西，你也应该明确地考虑实施 SOP。

如果企业中没有 IE，还没有开始制定 SOP，那么，作为班组长必须有制作 SOP 的思维，学会把控工序制作中的品质要点，确保员工能够一次性做对，提升员工的品质意识。

第三节　班组的产能计算

一、标准产能计算方式

在给定的生产运作组织方式下，现有的生产能力能否满足生产要求？如果不能，如何提高生产能力？生产运作管理人员必须考虑提供足够的能力，以满足目前及将来的市场需求，否则就会遭受机会损失。但反过来，生产能力过大，又会导致设备闲置与资源浪费，在考虑这一问题时，需要遵循一定的原则和方法。

所谓产能，是指一个设施的最大产出率。这里的设施，可以是一个工序、一台设备，也可以是整个企业组织。这里的产能，主要是指一个企业的一个班组的生产能力。企业的生产能力，从广义上说，是指人员能力、设备能力和管理能力的总和。人员能力是指人员的数量、实际工作时间、出勤率、技术水平等诸因素的组合；设备能力是指设备和生产运作面积的数量、水平、开动率和完好率等诸因素的组合；管理能力包括管理人员经验的熟练程度与应用管理理论、方法的水平和工作态度。从狭义上说，主要是指人员能力和设备能力，在资本集约度较高的制造企业中，尤其是指设备能力。

产能是衡量一个班组生产能力高低的指标，可以说是非常重要的一个内容。对于标准产能应该如何计算，并不是所有的班组长都知道，都会合理计算。

生产能力（产能）对于所有企业以及企业所有基层班组来说，都是一个非常重要的问题。生产能力是指一个作业单元满负荷生产所能处理的最大限度。这里的作业单元可以是一个工厂、部门、机器或单个工人。在计算生产能力时要把握以下内容：

1. 确定生产能力的计算单位

由于企业种类的广泛性，不同企业的产品和生产过程差别很大，在计算生产能力之前，必须确定本企业的生产能力计量单位。

投入和产出量：生产能力同投入量和产出量密切相关，不同的企业可以根据自身的性质和其他情况选择投入量或产出量作为生产能力的计量单位。

当企业以产出量作为计量单位时，则需考虑企业生产的产品种类有多少，如果只有一种主要产品，则可以以该产品作为计量单位；如果生产多种产品，则很难以其中某一种产品的产出量作为整体的计量单位，这时可采用代表产品计量法。选择代表企业专业方向、产量与工时定额乘积最大的产品作为代表产品，其他的产品可利用换算系数换算成代表产品。换算系统 K_i 的计算公式如下：

$$K_i = t_i / t_o$$

式中：K_i——i 产品的换算系数；

t_i——i 产品的时间定额；

t_o——代表产品的时间定额。

有时企业用产出量计算生产能力准确度不高，不能很好地反映生产能力，则可以用投入量作为计量单位，如总设备数、装机容量等。

案例：以折合率为计量单位的产品换算

笔者曾经就职过一家公司，这家公司是生产服装的。刚进入这家公司的时候，就听同事或生产部门经常说一个词"折合率"，我一直在想"折合率"是什么意思，工作了1个月之后，我就对"折合率"这个词的意思慢慢了解了。工作中，经常对产品进行标准工时的测算，而测算的结果通常是折合率为2.3，当时选择的一个产品是一款POLO衫，以这款POLO衫来折算其他产品的标准工时，通过折算可以看出新产品的款式复杂度和工时是多少。

以原材料处理量为计量单位：有的企业使用单一固定的原材料生产多种产品，这时，以年处理原材料的数量作为生产能力的计量单位是比较合适的。这类企业的生产特征往往是分解型的，即使用一种主要原料，分解制造出多种产品。

2. 确定影响生产能力的因素

产品因素：产品设计对生产能力有巨大的影响。如果生产相似产品，作业系统生产这类产品的能力要比后续产品不同的生产能力大。一般来说，产出越相近，其生产方式和材料就越有可能实现标准化，从而能达到更大的生产能力。此外，设计的特定产品组合也必须加以考虑，因为不同产品有不同产量。

人员因素：组成一项工作的任务、涉及活动的各类人员以及履行一项任务需要的培训、技能和经验对潜在和实际产出有重要影响。另外，相关人员的动机、缺勤和流动与生产能力也有着直接的联系。

设施因素：生产设施的设计，包括厂房大小以及为扩大规模留有的空间也是一个关键的影响因素。厂址因素，包括运输成本、与市场的距离、劳动供应、能源和扩张空间，也是很重要的因素。同样，工作区的布局也决定了生产作业是否能够平稳执行，影响生产能力。

工艺因素：产品工艺设计是决定生产能力的一个明显因素，工艺设计是否合理影响产品质量。如果产品质量不能达到标准，就会增加产品检验和返工工作，从而导致产量下降，影响生产能力。

运作因素：一个组织由于存在不同设备生产能力的矛盾或工作要求的矛盾而产生的排程问题、存货储备的决策、发货的推迟、所采购的原材料部件的合意性，以及质量检验与制程控制，都对有效生产能力具有影响。

产品标准：特别是产品最低质量标准，能够限制管理人员增加和使用生产能力的选择余地，比如企业为了达到产品和设备的污染标准，经常会减小有效生产能力。

3.计算成批加工企业的生产能力

这种类型的企业，生产部门的组织采用工艺专业化原则，产品的投料与产出有较长的间隔期及明显的周期性。它们的生产能力计算与工艺专业化原则划分车间和班组有密切关系。

（1）计算单台设备产能。由于加工的零件不是单一品种，数量可达上百甚至上千种。所有零件的形状大小不同，加工工艺和步骤也不同，而且加工的时间长短不一，这时不能用产出量计算，而只能采用设备能提供的有效加工时间来计算，称为机时，计算公式如下：

$$H_e = H_o \times \eta = H_o(1-\theta) = F_o - S$$

式中：H_o——年制度工作时间；

η——设备制度工作时间计划利用率；

θ——设备计划修理停工率；

S——设备计划修理停工时间。

（2）计算班组产能。车间班组是最小生产单位，每个班组配备一定数量的加工工艺相同的设备，但它们的性能与能力不一定相同。所以计算班组生产能力是先算单台设备的生产能力，再将这些设备的生产能力整合计算。

如果班组内全部设备的加工技术参数差异不大，则全部设备的时间之和就是班组的生产能力。如果技术参数相差很大，则要分别统计不同参数设备的机时，着重查看某些大工件的设备加工能力能否满足生产要求。

（3）确定车间产能。由于班组的加工对象是零件，它们的能力应该以机时计量，而车间的生产对象往往是产品或零部件配套数，所以它的生产能力应该以产量计量。工时与产量之间的换算是比较简单的。

（4）确定工厂产能。工厂生产能力可以根据主要生产车间的能力来确定，唯一工序的生产能力决定了工厂产能，能力不足的车间，可以调整措施来解决这一问题。

4. 计算流水线企业的生产能力

计算流水线企业的生产能力：流水线的生产能力取决于每道工序设备的生产能力，所以从单台设备开始计算，公式如下：

$$M_{单}=H_e/t_i$$

式中：$M_{单}$——单台设备生产能力；

H_e——单台设备计划期（年）有效工作时间（小时）；

t_i——单件产品在该设备上加工的时间定额（小时/件）。

如果工序由一台设备承担，单台设备的生产能力即为该工序能力。当工序由 N 台设备承担时，工序生产能力为 $M_{单} \times N$。

确定车间的生产能力：如果是制造车间，既有零件加工流水线，又有部件装配流水线，这时它的生产能力应该由装配流水线的能力决定。即使有个别零件的加工能力低于装配流水线能力，也应该按照这个原则确定。如果是零件加工车间，每个零件有一条专用生产线，而所有零件又都是为本企业的产品配套，那么该车间的生产能力应该取决于生产能力最小的那条生产线的能力。

确定企业的生产能力：由于各车间之间加工对象和加工工艺差别较大，选用的设备性能差别很大，生产能力不一致，因此，基本生产车间的生产能力通常由主导生产环节来确定。而当基本生产车间和辅助生产部门的生产能力不一致时，应由基本生产车间的生产能力决定。

计算生产能力是做好生产能力规划工作必需的步骤，也是企业必须重视的问题。通过计算企业的生产能力，不仅可以认识自己的实际能力，做到心中有数，还可以发现生产过程的瓶颈部分和过剩环节，为科学合理地规划生产能力提供基础资料。

以流水线为主的班组生产能力的计算如表3-8所示。

表3-8 班组生产能力计算表

工位别	制造单位	车间：皮2组		产品名称	××	制作时间	2021.4.25		
		工作说明	工具设备	测试工时	平均时间	需求人力	标准配置	人力差异	平均工时	备注
工位1		底座装接触片	尖锥	6.5	5.0	1.3	2	0.7	3.3	空闲时分弹簧
工位2		装扣板和扣簧	无	4.5	5.0	0.9	1	0.1	4.5	
工位3		装联锁片×2	无	5.5	5.0	1.1	1	-0.1	5.5	瓶颈工序，调熟手作业
工位4		装长动触片×1	无	3.8	5.0	0.8	1	0.2	3.8	空闲时分塔簧
工位5		装长动触片×1	无	3.8	5.0	0.8	1	0.2	3.8	空闲时分塔簧
工位6		装动触片×1	无	5.0	5.0	1.0	1	-0.0	5.0	空闲时分塔簧
工位7		装卡板×2	无	5.0	5.0	1.0	1	-0.0	5.0	空闲时分塔簧
工位8		装卡板+零档卡板	无	5.0	5.0	1.0	1	-0.0	5.0	空闲时分塔簧
工位9		装盖板	无	5.0	5.0	1.0	1	-0.0	5.0	空闲时分塔簧
工位10		分塔簧+装塔簧+压塔簧	手啤机	10.5	5.0	2.1	2	-0.1	5.3	次瓶颈工序
合计				54.5			12	平衡率	90.1%	
组作业人数	11		说明：流水线线速：20，实际产能会在平衡率产能上下浮动10%左右							
统计工时	54.5		宽放系数	5%	不平衡率	9.9%	不良率	0%		
标准工时	57.2		平衡率小时产能		623		单人单时产出	56.7		

以单台设备为主的班组生产能力的计算如表 3-9 所示。

表 3-9 班组生产能力计算表

机器名称	立轴机						
作业员	×××						
出勤工时	8 小时						
产品名称	部件名称	准备工时	单件工时	加工工时	有效工时	工序	日产能
AAA	门板	1.5 小时	20 秒	8 小时	6.5 小时	铣外形	1170 片
BBB	门框	1 小时	15 秒	8 小时	7 小时	拉玻璃槽	1680 片
CCC	门边柱	1.5 小时	15 秒	8 小时	6.5 小时	铣形	1560 片
DDD	门板	1 小时	22 秒	8 小时	7 小时	铣外形	1145 片

标准产能也就是一个班组或者流水线的目标产能，即在一定时间内应该完成多少产能。

标准产能的计算公式如下：

目标产能=当天工作时间×3600/节拍时间

=当天工作时间（H）×3600×班组人数/标准工时

节拍时间：Takt Time（T/T），又称客户需求周期、产距时间，是指在一定时间长度内，总有效生产时间与客户需求数量的比值，是客户需求一件产品的市场必要时间。

例：以每天有且只有一个常日班来说，总计有 8 小时（480 分钟）。减去 30 分钟午餐，30 分钟休息（2×15 分钟），10 分钟交接班和 10 分钟基本维护检查。那么可用工作时间 = 480 – 30 – 30 – 10 – 10 = 400（分钟）。当客户需求为每天 400 件时，每个零件的生产时间应控制在 1 分钟以内，以保证满足客户的需求。

例：缝制 2 组班组人员数量为 38 人，7 月 22 日上班 37 人，请假 1 人，A 款式的衣服标准工时为 3450 秒，7 月 22 日上班 14 个小时，其中午餐、晚餐共 1 个小时，上午休息 10 分钟，下午休息 10 分钟，客户每天需要 500 件，该班组的节拍时间是多少？

$$节拍时间 = \frac{生产可用时间}{客户需求量} = \frac{760 \times 60}{500} = 91.2（秒）$$

标准工时的概念：标准工时(ST)是一个100%熟练工人，在良好的工作环境下用正常速度完成一个特定工作(可接受品质水平)所需的时间。

对概念的理解：

（1）100%熟练工人：是指操作者必须是熟练手，而不是刚进工厂的新手。

（2）正常的作业或加工条件：是指物料准备充足，设备加工条件或精度正常，以及正确的作业或加工方法等。

（3）良好的工作环境：是指作业所需的照明、温度、湿度、水、电、气等均在正常状态。

（4）正常的作业（或加工）速度：是指满足产品加工精度的转速和作业熟练程度。

标准时间的特性可理解为：

（1）客观性：对应于某一已经标准化的作业操作（通过方法研究），标准时间是不以人们的意志而转移的客观存在的一个量值。

（2）可测性：只要将作业标准化了，就可以用科学的方法对操作过程进行测定（如秒表测时、工作抽样、PTS技术等），以确定标准时间的量值。

（3）适用性：因为标准时间是普通工人以正常速度完成某项作业的劳动标准时间，不强调过分先进或十分敏捷的动作完成某项操作，所以它应该是易于被大多数人接受的。

标准工时的计算公式如下所示：

$$标准工时 = 正常工时 + 宽放工时$$

$$正常工时 = 观测工时 \times 评比系数$$

$$宽放工时 = 正常工时 \times 宽放率$$

$$标准工时 = 正常工时 + 正常工时 \times 宽放率$$

$$= 正常工时 \times （1 + 宽放率）$$

=观测工时×评比系数×（1+宽放率）

例：某装配车间A线正在装配一款产品，产品型号C403，装配线共5道工序，具体如表3-10所示。

表3-10　产品C403工序

工序编号	01	02	03	04	05
人员配置	1人	1人	1人	1人	1人
作业观测时间	20.5秒	25.5秒	23.5秒	30.5秒	24.5秒

假定宽放时间（宽放率）是10%，评比系数为1，结合以上数据计算：（20.5+25.5+23.5+30.5+24.5）×1×（1+10%）=136.95（秒）。

很多企业陷入了一个误区，认为设定了目标产能，一个班组上线的第一天就应该达到目标产能的状态，比如A班组流水线上线一款产品K2022，目标产能经过测算得知是750个，很多企业要求A班组长上线第一天产能就要达到750个，这在很多的行业是不适合的，因为每一个产品都有一个学习熟悉的过程，这个过程叫作学习曲线。所以说目标产能的设定一定要结合学习曲线来使用。把依据学习曲线设定目标产能叫作预定目标产能，预定目标产能等于目标产能×学习曲线，如表3-11所示。

表3-11　学习曲线表

生产天数	第一天	第二天	第三天	第四天	第五天
目标产能比例	25%	50%	75%	100%	100%
目标产能	489件				
依据上线天数得出预定目标产能	122	245	367	489	489

二、产能与品质的关系

工厂的基层现场管理人员主要是班组长，班组作为生产活动的最小集体，负责工厂生产活动的执行，而按时产出和品质保证是生产线最主要的压力。作为班组的负责人，要想处理产能和品质的关系，需要对两者关系有正确的理解。很多班组长误认为班组管好生产就好了，品质是由品质部门管理的，班组配合就好了。

我们先来梳理两者之间的关系。

1. 品质水平提升需要增加品质成本

提升产品的品质水平，可以通过使用高规格的原材料，但是会增加原材料成本，还可以通过提高生产制程的品质控制，而这则会增加人力成本和设备投入成本。

对于大多数企业而言，都会严格控制材料成本的上升，因为这一点在产品成本核算时非常明显，只要出现材料成本上升就会引起老板的注意。

生产制程品质的提升主要通过增加测试工序，加严测试指标，提高检测标准来实现，而这些在不增加人员投入和设备投入的情况下会减少产品产出数量，延长产出时间。

2. 产能提升可能会降低品质下限

对于工厂产能的提升，可以通过增加设备和人员投入，但是要承担工厂订单不稳定、产能不饱和的风险，可能增加投入后却没有足够的订单。还可以通过变更测试方法，降低测试指标（在客户要求范围内）来增加产出，这种不增加成本的方法老板比较喜欢。其中，取消测试项目，缩短测试时间，降低测试指标，优化工序是最常使用的方法。

3. 产能和品质需要找到最佳平衡点

产品和品质相互影响，两者都不能轻视，需要平衡发展。如果只考虑提升产能，满足订单交付，但是降低了产品品质，最终被客诉退回，反而会增加整个订单的品质成本。如果只考虑品质提升，延期了客户订单，增加了成本投入，不仅客户不满意，产品也会失去市场竞争力，最终失去市场。所以，如何实现产能和品质的平衡处理，是工厂需要考虑的问题，工厂要提高产品品质，也需要维持工厂生存。

所以，在精益班组长的心里，要把产能和品质放在同等重要的位置。

三、精益班组效率报表

在制造行业中，很多班组长对效率这个词并不陌生，但是具体怎么计算并不是很清楚，班组长经常掌握的是班组每天生产的数量如表3-12所示。效率是体现快慢的一个指标。很多班组长认为，班组员工都很努力，但产能仍然不达标，这不是班组员工的问题。一般的班组长没有效率报表，有的是生产产能报表，也就是每天做多少数量的报表。

他们只是尽全力地去完成产品加工，但效率是否很高，人均产能是否很高，他们并不清楚。

表3-12 常规班组的产能报表

日期	订单编号	产口型号	订单数量	生产线	工序	当日产量	累计产量
10月9日	NX170908-1	YX419B	9000	包装四线	成品	900	900
10月10日	NX170908-1	YX419B	15000	包装四线	成品	1752	2652
10月11日	NX170908-1	YX419B	15000	包装四线	成品	1520	4172
10月12日	NX170908-1	YX419B	15000	包装四线	成品	300	4472
10月13日	NX170908-1	YX419B	15000	包装四线	成品	1980	6452
10月14日	NX170908-1	YX419B	15000	包装四线	成品	1000	7452
10月15日	NX170908-1	YX419B	15000	包装四线	成品	1500	8952
10月16日	NX170414-2	YX419B	15000	包装四线	成品	1500	15000
10月17日	NX170908-1	YX419B 粉	15000	包装四线	成品	816	9768
10月17日	NX170908-2	YX419B 绿	15000	包装四线	成品	1450	1450
10月18日	NX170908-2	YX419B 绿	15000	包装四线	成品	2550	4600
10月19日	NX170908-2	YX419B 绿	15000	包装四线	成品	2550	7100

精益班组长考虑的是一个班组如何高效地进行作业，每天的工作时间是一定的，也就是投入的时间是一定的，但是产出的数量要看班组的效率水平。所以，精益班组长经常用效率来衡量班组长管理能力的高低，如图3-11所示。

第三章 蜕变路径：日常能管理

车间生产效率日/周报表【5月3~5日】

线别：装配三线　　编制：彭拜　　审核：

序号	日期	订单编号	产品型号	订单数量	计划数量	作业人数	人员异常时间	午休晚休	异常说明	起止时间（时：分）	投入工时（时）	今日生产 合格数	今日生产 不良数	今日生产 不良率(%)	异常记录 异常描述	异常记录 停滞工时	至今累计 未完成量	至今累计 已完成量	备注	标准工时/(时/台)秒	标准工时/(时/台)时	产出工时（时）	人均台数	生产效率(%)
1	5月3日	LB1B0206-2	LN608-32	25000	10000	14	0	0	一人请假	7:30 9:00	21	200	34	14.53			13100	11900		210.21	0.06	11.68	14.3	55.61
2		LB1B0206-3	LN608-35	5000	2500	14	0	0.5	一人请假	9:00 21:00	147	2200	272	11.00			2000	3000		210.21	0.06	128.46	157.1	87.39
3	5月4日	LB1B0206-3	LN608-35	5000	2500	14	0	0	一人请假	7:30 11:30	56	300	91	23.27			1700	3300		210.21	0.06	17.52	21.4	31.28
4		LB1B0120-2	M1	2004	2004	14	0	0.5		12:30 21:00	112	1000	0	0.00			1004	1000			0.00	0.00	71.4	0.00
5		LB1B0120-2	M1	2004	2004	14	0	1		17:30 21:00	117	1004	0	0.00			0	2004			0.00	0.00	77.2	0.00
6	5月5日	LB1B0120-2		2004	500	14	0	0.5		7:30 21:00	12	0	0	0.00			0	0	大于2000个	210.21	0.06	0.00	0.0	0.00
7		LB1B0206-2	LN608-32	25000		14	0	0		18:00 21:00	42	400	39	8.88			14600	10400		210.21	0.06	23.36	28.6	55.61

异常工时统计：A.计划异常　B.物料异常　C.设备异常　D.模具异常　E.水电异常　F.检验确认　G.返工返修　H.换线换模　I.品质异常　J.结构异常　K.其他异常

图3-11　精益班组的效率报表

在图 3-11 中，有一栏是不良率，在 5 月 3 日这一天生产的两款产品中有一款产品的不良率为 14.53%，意味着装配三线生产了 234 个产品中有 34 个是不良品，不良品是不计算在效率里面的，也就说明装配三线在一定的时间内只生产了 200 个合格品。所以说，班组全体员工花费了时间，但是并没有产出同等收益的效率。不良率的高低与效率的高低、员工的工资是成反比的。进一步思考，当我们想提升班组产能的时候，就需要想方设法降低班组生产过程中的不良率。所谓自工序完结，就是在自己负责的工序内把事情做到、做对、做好，保证自己的产品和服务不良不流入、不产生、不流出。自工序完结的主任是我们班组每道工序的员工，每一个人都可以成为领导者，坚持这一意识才能让我们的工作越来越好。

第四节　班组长稽核能力

一、反思能力——班组长自我点检能力

在日常生产过程中，经常会发生生产设备损坏、物料品质不合格、员工频繁请假或离职等异常情况，面对这些异常，班组长必须具备自我反思的能力。反思与总结是不同的，反思是针对问题点，如何持续改善问题，总结是有收获有不足。

班组长的反思能力强调的是班组长需要明确每天在标准作业中最重要的一件事情，并且将它彻底完成。当班组长没有按时完成每天最重要的一件事情时，班组长需要反思没有完成的原因是什么，并且能够及时进行改进（表 3-13）。

表 3-13　班组长每天最重要的一件事

序号	日期	姓名	班组	最重要的一件事	数别	上午	进度	下午	进度
1	10 月 15 日	张云	装配 1 组	分析昨天的品质不良	◇	60%	OK	100%	OK

续表

序号	日期	姓名	班组	最重要的一件事	数别	上午	进度	下午	进度
2	10月15日	王月	装配2组	分析效率低下的原因	◇	30%	OK	100%	OK
3	10月15日	刘杰	装配3组	与员工进行沟通	○	50%	OK	100%	OK
4	10月15日	王鑫	装配4组	按照计划试行工作教导	○	100%	OK	100%	OK
5	10月15日	赵芸	装配5组	开展流水线平衡改善	◇	30%	OK	100%	OK
6	10月15日	王强	装配6组	制作工装夹具	○	40%	OK	100%	OK

注：○代表常规事项；□代表突发事项；◇方针重点。

精益班组长经常反思自己班组的指标问题，为什么今天的目标没有达成？为什么今天会出现这么多的品质问题？为什么人员离职率这么高？

首先，班组长要"以铜为鉴"去"正衣冠"。"以铜为鉴"就是要自己观照自己，"正衣冠"就是要纠正自己灵魂的"衣冠"——言行，也就是要"吾日三省吾身"。如何才能做到这点？最有效的途径就是"静"。班组长要充分利用"静"的机会，班组长的标准作业表里不应该100%地将所有时间都进行标准化，而应该留出一定的时间进行思考。

其次，班组长要"以古为鉴"去探究成败的原因。所为"古"，是指过去。我们做过的事，说过的话，做出的产品，都可作"古"。班组长在日常工作过程中，要反思上午的效率为什么那么低，前一个小时为什么出现那么多的不良。

最后，班组长要"以人为鉴"而"明得失"。人，最难认识的莫过于自己。"人贵有自知之明"。怎样才能更好地看清自己？最有效的办法就是作比较。"不怕不识货，最怕货比货"，与别人一比，便知自己是优是劣了。比较得越多，对自己的认识就越丰满。班组长在和别人进行对比的时候，其实对比的是班组的指标，首先需要和目标与标准进行对比，对比实际产能和目标产能的差距，对比实际良率和目标良率的差距，对比这个月异常时间和上个月异常时间的差距。

班组长不应该不把问题当问题，如果班组长面对出现的问题不以为然，表明班组长缺乏对问题的反思能力。如果一个班组长能够每天进行反思，一定会成长很快。反思一定是在事后进行反思吗？其实不然，反思可以分阶段、分小时进行。如何在行动中进行反思呢？关键在于班组长要随时问自己正在完成什么目标，正在解决什么问题，然后再问问题当前解决到什么程度，为什么这么做，接下来怎么做会更好，这是反思的关键内容。比如班组长今天工作8小时的目标是800个产品，那么每个小时的目标应该是100个产品，当8:00～9:00的时候，生产的产品数量为80个的时候，班组长就需要反思为什么这一个小时的产能这么低，需要在接下来的一个小时里做什么对策来解决效率低下的问题。

二、精益思维——提升班组长的管理思维

我们经常说精益是消除浪费、持续改善的过程。笔者认为精益是一种管理体系，而TPS是一个学习框架。

精益思维是一个认知的变革，从每个层面的认知着手。

这种思维，大部分是企业中高层的思维，因为只有中高层认知提升到了精益思维层面，企业变革才可能进展顺利。每个企业都想走向卓越，所以这个时候需要学习新的思维和工作的技能。

精益思维是一种崭新的思维方式，企业获得竞争优势的方法是通过随时随地认真发展员工而学习如何更好地满足客户。获得市场成果的方式是通过鼓励员工持续改进工作方式从而使组织进步，为客户提供更多价值。

组织不是进入市场的工具，而是员工发展的工作场地或条件。

在精益思维下，工作是动态的且持续改进的。精益思维并不是说我知道了这个精益思维，了解了就是精益了，精益是持续的，是动态的。我们要做的是一直实践精益。

精益是一个阶段行动实践过程。在做事情的时候，具有精益思维，想法要实现的时候，具有精益思想，这样我们做的工作也好，生产也好，就会越

来越有价值，无用功做的越来越少，在短时期内成效会越来越大，目的不是精益，而是一直实践精益。

我们经常说三现主义（现场、现实、现物），却不知道，三现主义需要建立在三即（即时、即地、即应）的基础上，在三彻（彻头、彻尾、彻底）的响应下开展。

作为企业中的班组长，需要从四个层面来认知和实践精益思维。

第一个层面：照镜子

班组长需要从自己的岗位职责、所需技能、管理方法、工作教导、工作改善、工作关系等内容上进行自我检讨，经常对着镜子看看自己目前欠缺的内容有哪些，在什么方面做得还不够，这里考验的是班组长的自我反思能力。

第二个层面：擦窗户

在照镜子的时候，班组长往往看不清自己，所以，镜子上会呈现一层迷雾，能够主动拨开迷雾的班组长少之又少，主动拨开迷雾的人都成长为车间主管。对于不能够主动拨开迷雾的人，需要班组长的上级领导帮助他拨开迷雾，让他清晰地看到镜子中的自己，全面地认识自己。在这个过程中，会有些痛苦。但是精益从来都不是一件容易的事情。具备精益思维的班组长经常告诉自己：越困难，越努力，越精益。

第三个层面：释潜能

每一个班组长的能力都是无限的，很多时候，班组长只是不知道如何开发自己的潜能罢了。如果班组长知道了精益思维，认知到了精益思维的好处，能够释放自己在这方面的潜能，相信班组长会清晰地知道自己能做什么，自己能做好什么。

第四个层面：建系统

在精益思维的指引下，班组长需要搭建自己的成长系统，在现场改善、精益早会、5S管理等方面会呈现出一些好的变化。这些变化会再次刺激班组长对精益思维的重新认知。

班组长在精益思维的引导下，在开展工作的时候，需要面对员工的以下问题：

（1）员工需要如何知道自己是干得好还是不好。

（2）如果不能在每一个步骤判断一个人做得好或者不好，就很难进入下一步，这样，员工就会进入一种随时的恐惧中：他们尽最大努力工作，可一旦出现问题，就会被管理层训斥——这是不信任的开始。

班组长在精益思维的引导下，需要主动面对以下问题：

（1）从客户的角度来看待对错（价值增长点）。不是所有的错误都是错误，有的错误可能是价值增长点，所有要从客户的角度判断对错。班组长要经常反思，即使自己做的事情错误了，也要反思错误的事情如何创造价值。

（2）一系列任务的无缝开展（无缝对接）。

怎么让任务能够无缝衔接开展，是班组长需要面对的问题。

（3）了解每个工作元素是否合格（判断标准）。

质量是员工和班组长都需要面对的问题，每个工作元素是否合格，需要有判断的依据。

（4）了解他们工作环境的好坏（一开始就做对）。

工作环境的事情，一般都是大事情，这种事情需要一开始就做对。

（5）有信心解决问题。

面对问题的时候，不需要害怕，也没有必要逃避，要有信心地解决问题，就像有家人房子着火了，和着火的房子进行合影，因为基本上不会再有下一次了。信心在解决问题的时候特别重要。

以上是员工需要面对的问题和班组长应该面对的问题。面对这些问题，我们解决的措施是什么？这些措施的基点是什么？是精益学习，是精益思维，是精益思考者体系。

班组长需要从四个框架去搭建具备精益思维的现场管理体系（图3-12）。

SVPI

标准	可视化管理	日常问题解决	改善
对知道我们知道的一种表达	学会让标准在工作场所变得生动	建立解决问题的惯性思维，问题—原因—对策—检查	解决问题以恢复标准情况研究流程以改善标准

图 3-12 精益思想的现场管理体系

三、问题意识—强化班组长的问题意识

问题，存在于每个公司、每个车间、每个现场。但是，面对问题的态度，每个公司、每个车间、每个现场是完全不同的。作为班组长，应如何面对问题呢？

作为班组长，必须有强烈的问题意识，如何建立班组长的问题意识呢？可以从"能不能"这样的字眼开始着手。工作能不能更轻松？现场能不能更好一些？合格率能不能更高一点？产品成本能不能再低一些？现场浪费能不能再少一点？效率能不能再高一些？工作负荷能不能再小一点？班组长要经常问自己："现在的工作方法是不是最佳的方法？"这是非常重要的。

管理大师戴明说过："对于问题，员工负责15%，系统和管理者负责85%。"

如图 3-13 所示，照片是笔者在辅导一家企业时拍摄的，在一些企业培训的时候，经常用 PPT 播放出来，让其他企业的班组长看看这张照片有什么问题！很多班组长认为，很多企业都有这样的现场，所以没有什么问题；还有一些班组长认为，这样的现场很乱。究竟什么是乱，也说不出来。良好的工作现场一定不是这张照片显示的这样，而是摆放整齐、物料分类、区域划分、标识清晰、先进先出。

在很多公司的现场，班组长往往找不到问题，究其原因，不外乎没有明确的目标和愿景，或者没有应该遵守的标准；没有确认标准的遵守情况；对自我的否定不够，没有否定自我、打破现状的勇气。

图 3-13　某企业现场图片

阻碍发现问题的 10 个坏习惯：

（1）认定自己的现场做得很好。

（2）影响其他工序的问题自己不认为是问题。

（3）认为错误全在前道工序或其他人。

（4）将一直以来的不好表现认为是理所当然的。

（5）一味寻找难以解决的理由进行推脱。

（6）喜欢放任自流，不看数据。

（7）虽然采集了数据但不做研究。

（8）认为现场的问题总会有人去解决。

（9）任何事都轻易放弃。

（10）依靠经验感觉工作并解决问题。

解决问题固然是管理者的重要工作。尤其是在今天这样一个变革的时代，更加需要每个管理者发挥革新精神去创造性地开展工作。

不惧怕问题，能够正确面对问题才是管理者应该有的良好心态。班组长的问题意识就是能够做到以敏锐的眼光发现现场出现的不正确状态，并以足够的好奇心和进取精神主动思考如何改进工作。

有了责任意识就愿意多承担管理的责任，但这还不够，还要有问题意识，能够主动发现问题，养成思考问题的习惯。现在大城市交通拥堵，造成出行困难、环境污染，如何解决呢？减少道路上的车辆是个很好的出发点，于是顺风车、共享单车应运而生。这些都是从问题意识出发，很好地解决社会问题的好例子。

在一些工厂中，班组长长期在现场工作，什么都熟视无睹，对一些反复出现的问题也麻木了，这样很不好。没有问题，每天得过且过，才是最大的问题。这样的班组长会被企业淘汰。要想方设法地把重复的问题根除掉，通过问题意识不断改进工作。

管理就是解决问题，没有问题的管理才是最可怕的。所以，班组长一定要树立问题意识，不断发现问题，解决问题，这样班组管理才会越来越好。

第五节　问题的重新认知

一、问题的定义

问题就是期望的结果与产生的实际结果存在的偏差。所谓期望的结果，就是指具体的目标、基准和标准。

所谓标准，就是现在最佳的方法和条件，工作人员要以此为依据进行工作。

比如说，流水线期望的结果是效率为95%，实际效率为87%，87%和95%之间的差异就是要解决的问题。

班组长知道什么是期望的结果是解决问题的第一步，如果不清楚目标、基准和标准等的应有状态，就无法发现问题。

在一般的制造型企业中，现场的组织层级一般是班组长、车间主任、车间经理、厂长等，每个层级解决问题的类型是不同的，问题的类型主要分为三种：发生型问题、设定型问题、将来型问题（图3-14）。

（1）发生型问题：第一类（操作层）问题。这类问题是基于对现实差距的认识而产生的，是指现状与"通常水平"之间的差距。

（2）设定型问题：第二类（管理层）问题。这类问题是由于对目标更高的期待而产生的，是指现状与"期待水平"之间的差距。

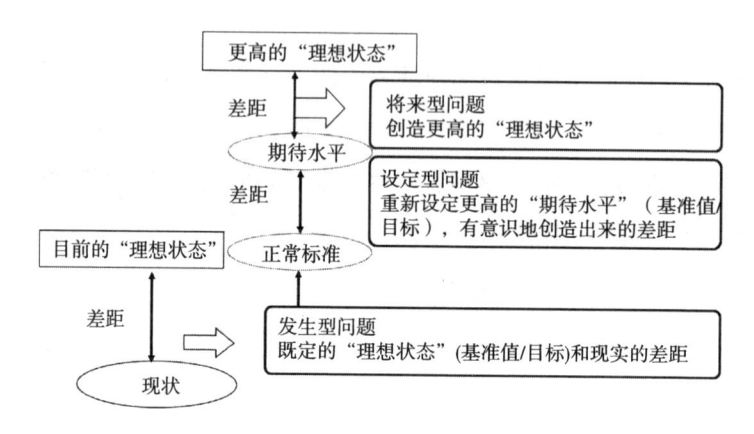

图 3-14 问题的三种类型

（3）将来型问题：第三类（结构层）问题。这类问题是为谋求重大突破而导致的，是指现状与"理想水平"之间的差距。

发生型问题是作为应有姿态的标准、基准已经明确，但现状低于标准的情况。在日常工作过程中，经常说的"出现问题了"就指的是这一种。比如：产品的基准合格率为98%，目前是95%，这就是发生型问题；现场比较乱，客户不满意，这也是发生型问题。解决发生型问题就是现状已经发生了，已经产生了不好的影响，为了消除这种不好的影响必须要去解决的问题。这样的问题通常是可以用眼睛一看或者用数据进行确认就可以很容易发现的问题。但是，前提必须是作为应有姿态的标准、基准已经明确化，这是非常必要的。

发生型问题的5个特点：

（1）与此类问题相关的目标要求是明确而具体的。

（2）此类问题多产生于可视的工作内容、工作方法、工作成果等内容本身。

（3）比较的方法和比较的结果相对明显。

（4）此类问题涉及的各种评价指标有相对成熟的体系。

（5）此类问题在多数情况下有相对成熟的解决方法可供参考。

一般情况下，班组长这个层级的岗位人员解决的是发生型问题。对于设定型问题是参与解决，自己并不是主角。

比如下面的就是设定型问题：

（1）现在产品的合格率为95%，是满足客户需求的，6个月后希望产品的合格率为98%。

（2）现在销售一部的销售额目标为3000万/年，明年销售一部的销售额目标为3500万/年。

（3）产品的投诉率目前为2件/年，明年产品的投诉率为0件/年。

虽然现在没有出现问题，但是在将来的应有状态（目标）发生变化时，导致现状需要随之提高的时候，就需要解决设定型问题。在解决设定型问题时，一般层级的人员为车间主任或者车间经理，他们按照公司的方针政策来进行设定。

一般情况下，设定型问题是以3~6个月为周期开展的。那么，解决将来型问题是从中长期（3~5年）的视角，根据市场的变化趋势，来弥补现在与将来的差距。

解决将来型问题一般是厂长或者更高层级需要考虑的工作。

比如下面的就是将来型问题：

（1）未来公司要开发一款新的产品，这个产品与公司的现有产品基本不相关。

（2）公司计划在2025年新建一家子公司，用于生产外贸型的订单。

（3）公司计划在2030年汽车全部转型为电动汽车，抛弃燃油汽车。

其实，将来型问题看似很远或者很空洞，不过，在工作中不断解决发生型问题和设定型问题时，慢慢就知道如何去解决将来型的问题了。这种不断解决问题的能力练就了管理者分析与解决问题的能力。

二、解决问题的工具

工具是一个载体，通过工具我们可以完成某些事情，这些事情可以是任何的问题。借助工具解决问题能够达到事半功倍的效果。在解决问题的过程中，有很多工具，如 5W2H、鱼骨图、5WHY、PDCA、8D、A3 报告、QC story、DMAIC、头脑风暴法等。在这里，强烈建议班组长使用 PDCA、5W2H、A3 报告这三种工具来解决日常工作中的问题。

班组长日常工作中使用的第一个工具：PDCA 循环

在第二篇的第 1 章中讲解了 PDCA 在早会中的应用。

PDCA 循环的含义是将解决问题分为四个阶段，即 Plan（计划）、Do（执行）、Check（检查）和 Action（处理），PDCA 循环的四个过程不是运行一次就结束，而是周而复始地进行，大环套小环、周而复始、阶梯式上升的循环系统。PDCA 循环过程中环环相扣，把前后各项工作紧密结合起来，形成一个系统。上一级循环是下一级循环的根据，下一循环是上一级循环的组成和保证，形成相互促进、共同提高的良性循环系统（图 3-15）。

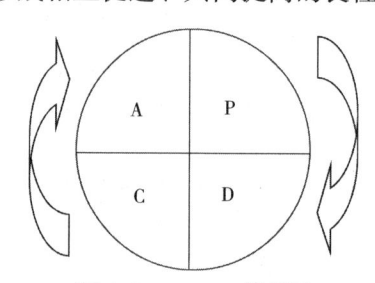

图 3-15　PDCA 循环图

PDCA 是一种解决问题的工具，同时能够锻炼班组长在解决问题中的思维逻辑能力，班组长在日常解决问题过程中要严格按照计划、执行、检查、处理四个过程进行。

作为推动工作、发现问题和解决问题的有效工具，典型的模式分为四大阶段、8 个步骤（表 3-14）。

表 3-14　PDCA 的四大阶段和八个步骤

阶段	步骤	方法
P	1. 找问题	分析现状，发现问题：层别法、柏拉图、管制图、直方图、查检表
P	2. 找原因	分析问题中各种影响因素：特性要因图
P	3. 找要因	分析影响问题的主要原因：柏拉图、散布图
P	4. 订计划	针对主要原因，用 5W（5 个 W），反问出行动方案 5W1H： Why：为什么做？ What：做什么？ When：什么时候做？ Who：谁来做？ Where：在什么地方做？ How（to do）：怎么做？
D	5. 执行	按措施计划的要求去做：依 5W1H 之 H 进行做
C	6. 检查	把执行结果与要求达到的目标进行对比：层别法、柏拉图、管制图、直方图、检查表（稽核表）
A	7. 标准化	把成功的经验总结出来，调整或制定相应的标准
A	8. 找出新问题	把没有解决或新出现的问题转入下一个 PDCA 循环中解决

班组长日常工作中使用的第二个工具：5W2H

5W2H 分析法又叫七何分析法，它简单、方便，易于理解、使用，富有启发意义，广泛用于企业管理和技术活动中，对于决策和执行性的活动措施也非常有帮助，也有助于弥补考虑问题的疏漏。

（1）WHY——为什么？为什么要这么做？理由何在？原因是什么？

（2）WHAT——是什么？目的是什么？做什么工作？

（3）WHERE——何处？在哪里做？从哪里入手？

（4）WHEN——何时？什么时间完成？什么时机最适宜？

（5）WHO——谁？谁来承担？谁来完成？谁负责？

（6）HOW——怎么做？如何提高效率？如何实施？方法怎样？

（7）HOW MUCH——多少？做到什么程度？数量如何？质量水平如何？

费用产出如何？

在班组长对下级分配任务、制订计划、出具解决方案时，班组长有没有过这种体验：自己觉得已经想得非常周到了，可事后才发现遗漏了很多关键环节，有时候工作不得不重新开始或反复。例如：交给员工一个任务，员工领命而去，等他离开后，才发现没有规定他什么时候完成，然后不得不再联系他。

班组长用 5W2H 可以轻松地布置工作任务而不产生任何遗漏环节。另外，经常使用 5W2H 描述事情或者制订计划可以锻炼班组长的思维逻辑能力，拓展班组长的视野。

班组长日常工作中使用的第三个工具：A3 报告

A3 报告通常用图表的方式，把问题描述、分析、改正措施以及执行计划等问题解决的 8 个步骤囊括在一张 A3 纸上，一目了然，非常清楚。A3 报告是一种思路，而非仅仅是标准的报告形式。其基本原则是 PDCA 的思路，一种组织训练员工问题解决能力的方法。

A3 报告中包含的模块完整体现了 PDCA 解决问题的框架和结构。编写 A3 报告有助于系统地、逻辑地分析、解决问题并进行后续的追踪活动。

通过学习 A3 报告班组长可以掌握和巩固 PDCA 的问题解决方式、步骤，也可以培养利用"A3 报告"简洁且系统地交流及解决问题的能力。

A3 报告的特点：

（1）用一张 A3 纸可展现问题解决整体过程，是班组长解决问题的核心沟通工具。

（2）它是培养人才的重要工具。

（3）按照逻辑的流程把所有相关信息浓缩到一张 A3 纸上，以便快速评审。

（4）它是一张逻辑清晰、要点突出的资料。

（5）A3 报告可以促进上下级之间的有效沟通，便于上司有针对性地指导。

（6）可以通过图表方式使情况一目了然。

A3报告包括8个步骤：

步骤一：明确问题。在此步骤中，需要明确你工作的区域在哪里，目前问题体现出的影响结果在哪里。比如因为×原因导致客户投诉、因为×原因导致产品延迟交货等。在此步骤中，需要明确标准，这个标准必须是可以量化和测量的。描述现状发生了哪些变化，现状与标准之间有什么差异。在这个过程中，需要明确问题产生的源头。也就是说，要把标准和现状用数据说清楚。为什么要解决这个问题，需要从重要性、紧急性、倾向性三个要素进行判断。

步骤二：分解问题。在此步骤中，需要详细了解问题是什么时候发生的、多久发生一次、问题发生的趋势是什么、发生的问题对什么产生了影响。

步骤三：目标设定。在此步骤中，目标必须是可测量的。在描述目标的过程中，要使用动词，如增加、减少、降低、提升等词汇。在设定目标过程中，要加上时间。比如3月25日前提升×型号产品的合格率到95%。

步骤四：把握真因。一般情况下，把握真因用的工具是鱼骨图，可以从人、机、料、法、环五个方面罗列原因，以帮助确定最可能的原因。

步骤五：制定对策。在制定对策时，可以是短期对策，短期对策能帮助我们达成短期的目标；也可以是长期对策必须能够防止问题再次发生。一个有效的长期对策可以从三个方面进行考量：有效性、可行性、影响力。

步骤六：对策实施。在对策实施过程中，一定要记录实施的全过程内容，现场的改善照片、过程中的数据收集、开会的照片、数据的标准资料等都要进行收集，确保对策实施过程得以全面记录。

步骤七：评价结果。结果的评价需要根据制定的目标进行衡量，即是否在一定时间内达成目标。

步骤八：巩固成果。通常用修正标准或者拟定新的作业指导书来巩固已经完成的对策实施。后续将新的标准或者作业指导书纳入日常管理工作中。

第六节　解决问题的流程

一、解决问题的流程

班组长在日常工作过程中，经常会遇到很多问题，比如产品合格率低、班组产能不达标、员工计件工资低、设备经常出现故障、物料总是出现品质问题等。面对这些问题，班组长经常一筹莫展。班组长喜欢将问题抛给上级主管，让上级主管帮助其解决问题。这样的班组长缺乏面对问题、解决问题的方法与流程。

那么，如何高效地解决问题呢？班组长可以用解决问题的五步法结合本章第五节介绍的解决问题的工具来解决日常工作过程中的简单问题（表3-15）。

表3-15　解决问题的五个步骤

步骤	步骤内容	步骤详细内容
步骤一	问题描述	用5W2H描述问题，这样能够将问题描述得更加详细，问题描述时一定要和当初制定的标准进行比对，比对之后能够确定问题偏离标准的程度
步骤二	制定目标	任何行动计划的实施都是针对目标开展的，所以，问题描述之后就需要确定解决问题的目的与目标，为了达成这个目的，要用目标来进行衡量
步骤三	根因分析	问题描述之后，并不能确定产生问题的源头在哪里，需要用特性要因图进行分析，找到产生问题的根本原因，对根本原因开展对策实施
步骤四	实施对策	实施对策的时候要进行单因素实施，也就是对影响问题的根因内容一个一个分解，这样能够锻炼班组长的逻辑能力。所谓的单因素实施法，就是先实施一个解决方法，再实施另一个解决方法，找到影响问题的根本原因
步骤五	防止再发	对策实施完成后，需要对问题拟定标准化策略，在同一个车间、同一个公司，要进行横展，确保同样的问题不再发生

二、问题的案例分析

班组长缺乏系统的知识，案例的学习可以让班组长产生身临其境的感受，通过模拟或者重现现实工作中的一些场景，让班组长把自己纳入案例场景中。案例既可以通过分析、比较，让班组长从中进行借鉴学习，也可以研究各种各样成功的和失败的管理经验，从中抽象出某些一般性的管理结论或管理原理。班组长通过案例的学习去思考或者思考他人的思考来拓宽自己的视野，从而丰富自己的知识。

下面的这个案例在日常工作中经常出现。

案例：订单FT2021发生客户投诉

2020年12月10日下午，销售员小张收到了一份客户投诉的邮件，投诉的内容是交货的产品全部不合格，需要退货，不合格的原因是来料与图纸不符，无法进行测试。小张赶紧联系生产王经理，王经理看到退货的产品后，拿着产品和客户签收的样品确认后发现，确实是生产中发生了错误。王经理去车间找生产员工了解具体的原因，最后确认是在冲压过程中，模具方向放反了，导致产品冲孔的位置全部发生了错误。王经理说根本原因就是冲压人员太大意，没有按照首件进行制作。后期注意就可以了。这批产品一共3000个，全部报废，重新制作，员工没有承担什么责任，管理人员也没有受到什么处罚。

图示A：正确的产品　　　　图示B：不良的产品

用解决问题的五步法进行详细分析：

步骤一：问题描述（用5W2H）。

2021年11月25日（when）生产部（who）在冲压车间A设备上（where）生产了一批订单FT2021（what）的产品，数量为3000（how much）件，客户验货后全部为不良品（how），进行了退货。产品为不良品的原因是产品冲孔的位置发生了变化（why），导致客户无法安装产品。

步骤二：制定目标。

做的产品为3000件，客户全部退货，生产部将不良品进行了报废处理，报废数量为3000件，为了防止这样的事情再次发生，本次制定目标为：不良品为0。

步骤三：根因分析（5Why）。

第一问：为什么会发生这样的不良品？

因为冲压作业人员未看图纸，将冲压模具放反，导致产品冲孔的位置错误。

第二问：为什么冲压作业人员未看图纸？

因为之前做过这样的产品，未制作首件，以为不会出错。

第三问：为什么冲压作业人员不制作首件？

因为检验人员对首件不进行检验把关。

第四问：为什么检验人员对首件不进行检验把关？

因为冲压工序之前缺乏首件检验的操作流程。

步骤四：实施对策。

对于模具放反这一问题，根治在于怎么能不放反模具。研究之后发现，更改模具需要耗费的费用比较高（预估要30万元），所以，决定暂不从防呆层面入手。质量部门制定了首件的操作规范，对冲压的所有设备、所有产品都进行首件检验，只有首件检验通过之后才能再进行生产作业。

步骤五：防止再发。

为了使公司的产品质量得到提升，规范公司产品的质量保证体系，故质量部门制定了《首件操作流程》和《员工首件作业规范》，并对公司的所有操作员工培训了《员工首件作业规范》，对检验人员培训了《首件操作流程》，确保公司的所有产品都经过首件检验后再进行生产。

班组长在日常解决问题过程中，无论使用哪种解决问题的工具，都要充分把握现状，了解实际发生了什么，多到发生问题的现场调研，而不是在办公室或者找人帮助解决问题。解决方案往往就存在于调研现场的路途中。

第四章
蜕变路径：细节能控制

细节能控制：基层班组长在班组长这个岗位上，必须要具备控制细节的能力，异常情况每天时有发生，针对异常的发生，班组长改进的结果是什么？如何进行改善进而不断地降低异常的损失？现场 5S 管理的水平没有持续提升？班组长如何提升现场 5S 管理的水平？针对员工的培养，如何通过工作教导的方式进行多能工培养，确保班组人员技能及时补充？可以说，没有总结，就没有提升，没有改善，就没有提升。

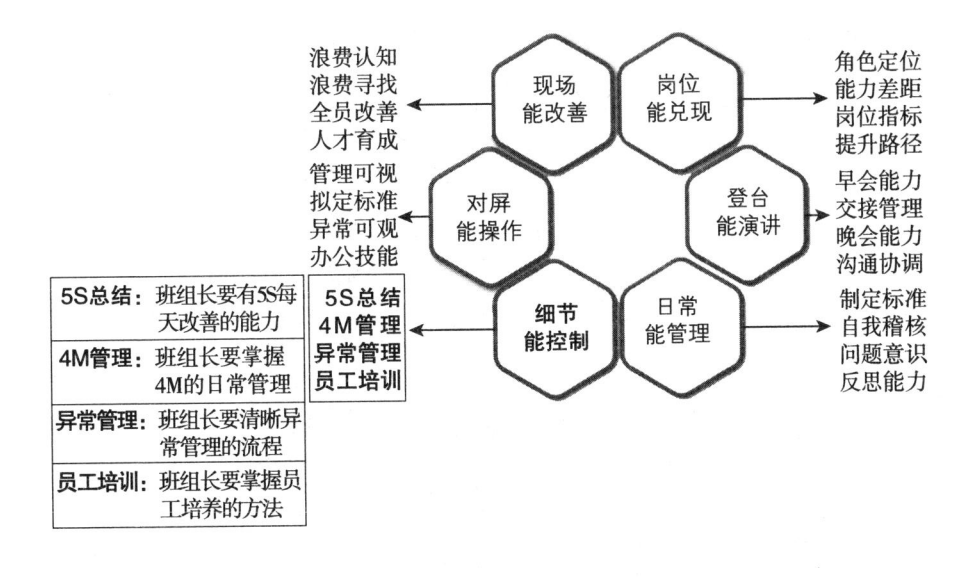

浪费认知
浪费寻找
全员改善
人才育成

现场
能改善

岗位
能兑现

角色定位
能力差距
岗位指标
提升路径

管理可视
拟定标准
异常可观
办公技能

对屏
能操作

登台
能演讲

早会能力
交接管理
晚会能力
沟通协调

细节
能控制

日常
能管理

制定标准
自我稽核
问题意识
反思能力

5S总结：班组长要有5S每天改善的能力

4M管理：班组长要掌握4M的日常管理

异常管理：班组长要清晰异常管理的流程

员工培训：班组长要掌握员工培养的方法

5S总结
4M管理
异常管理
员工培训

第一节　现场的 5S 管理

一、5S 管理的概述

5S 活动不仅能够改善工作环境，还能提高生产效率、产品品质、员工士气等，是减少浪费、提高生产力的基本要求，也是其他管理活动有效开展的基础。

未推行 5S 的工厂，各场所有各种各样的杂乱不洁的现象，如地板上粘着垃圾、油渍、铁屑、水渍；工作台上的治工具、文件资料零乱无序；零件、纸箱等物品凌乱地堆放在地上；人员、车辆在拥挤狭窄的过道上穿插而行。

即使这家工厂的生产设备是世界上最先进的，如不对其进行管理，也可能出现诸如想要的物料找不到，设备生锈或损坏导致无法正常使用的现象。

为了使 5S 喜闻乐见，得以迅速推广传播，很多推进者想各种各样的方法来帮助理解记忆，如漫画、顺口溜、快板等，如表 4-1 所示。

表 4-1　5S 管理的顺口溜

整理	要与不要，一留一弃
整顿	科学布局，取用快捷
清扫	清除垃圾，美化环境
清洁	洁净环境，贯彻到底
素养	遵守制度，养成习惯

推行 5S 管理对企业来说有很多的作用与意义，可以总结为八大目标和效用：零亏损、零不良、零浪费、零故障、零事故、零投诉、零缺勤、零等待（图 4-1）。因此，这样的工厂我们也称为"八零工厂"，也是企业追求目标管理的最高境界。

图 4-1　5S 管理的八大目标

在企业开展 5S 管理的过程中，可以将 5 个 S 分阶段逐步开展，这样可以深化每个阶段开展尺度，并且在开展的过程中能够避免一些不必要的浪费，确保开展的 5S 能够稳固持续。

5S 管理只有 5 个词、10 个字，看起来简单，执行起来却不简单，因为能够将简单的事情持续做就是不简单，5S 管理就是简单的事情持续做才会有很好的效果。作为企业中的班组长要深刻学习 5S 管理的基础知识，能够做到活学活用，而不是简单地复制一些其他优秀企业的标语、看板等内容。

二、开展 5S 的十大步骤

开展 5S 的 10 个步骤，如图 4-2 所示。

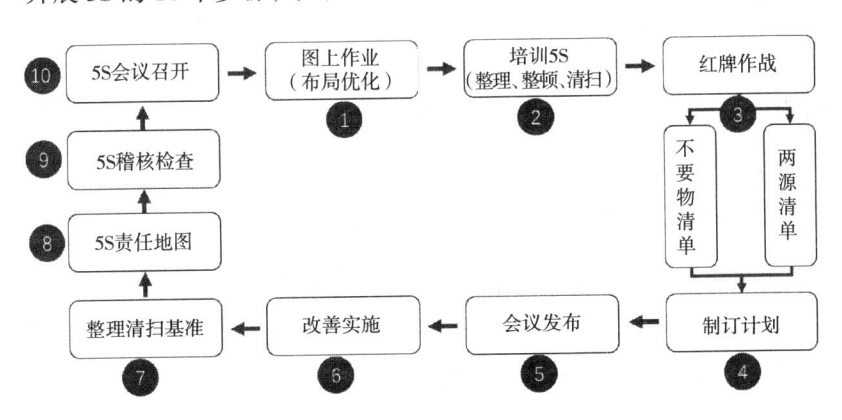

图 4-2　5S 开展的 10 个步骤

步骤一：图上作业（布局优化）。

核心要点：精益布局规划、车间连线、设备连线、减少搬运、一个流（One-Piece Flow）。

企业在开展 5S 管理的时候，优先需要考虑的第一个要素就是布局的问题，要从精益布局的角度来考虑车间、设备、物品放置的合理性。布局是一个组织为实现工作目标、效益最大化，对工艺、部门、设施设备和工作区进行的规划和实际定位、定置。所谓"结构决定功能"，每一种产品由于产品设计结构差别，所具备的功能也不一样。任何一个组织如果没有相应的组织架构，就不会具备相应的业务功能，达不到相应的效率和相应的产出效益。因此，工厂如果没有合理的布局，就不可能造就高效的生产系统。精益工厂布局是指从产品、人、机、料、法、环、管理等方面，运用科学系统的方法设计企业内部布局，使企业布局具有前瞻性、流动性、柔性、安全性等优点，确保物流顺畅，搬运距离最小，空间充分被利用等精益原则的布局方法。

精益工厂布局能够做到生产车间各单位的使用面积最大化，消除不必要的作业，优化作业之间的关系。例如把关系紧密的作业单位尽可能安排在一起，这是提高企业生产率和降低能耗最有效的方法之一。只有在时间上缩短生产周期，空间上减少占地，物料上减少停留，才能减少投入，降低运行费用。在布局设计时，要充分利用空间，合理预留发展空间，才能避免不必要的改建与扩建。

步骤二：培训 5S（整理、整顿、清扫）。

核心要点：先培训从认知层面打通改变的意愿。

在开展 5S 培训的时候，一定要分开进行培训。首先，中层管理干部先培训一次，让管理干部认知 5S 管理实施的好处与经营业绩的关系。其次，班组长和一线员工一起培训一次，要让全员对 5S 管理有一个新的认知，尤其是一线员工在接受 5S 管理知识的时候，必须让员工将他们日常工作过程中的负担、不满意的地方提出来，这些地方就是 5S 开展的重点工作。将员工的负担、不满意的地方整改之后，由一些员工带动另外一些员工开展 5S，最后演变成全员开展 5S 管理活动，这样 5S 管理活动就能持续开展下去。

步骤三：红牌作战。

核心要点：从主动性层面解决三现主义认识问题。

红牌作战是一个主动发现问题的工具，通过红牌作战活动让全员参与到5S活动中，去触摸现场物品、设备、工具，提升全员现场问题的意识。在刚开始推行红牌作战的时候，一定要将红牌贴的方式、红牌填写的要求向员工讲解清楚，让员工能够清楚地认识贴红牌能够提升大家的问题意识，当员工能够主动发现问题、解决问题的时候，就意味着红牌作战初步成功了。

在红牌作战的时候，一定要输出2个表单，分别是"不要物清单"和"两源清单"，"不要物清单"是针对5S管理中的"整理"活动遗留下来的物品进行张贴的对象，通过"不要物清单"消除不要的物品，确保现场留下来的都是必需品。"两源清单"是针对设备开展的内容，主要内容是设备的清扫、加油、点检的困难源和污染、不良、故障的发生源。通过"两源清单"解决设备操作过程中出现的设备故障、产品不良、设备泄露等问题。"不要物清单"和"两源清单"中的内容恰恰就是员工日常工作过程中的不满、负担的问题。

步骤四：制订计划。

核心要点：时间把控、团队协作、目标达成、过程管控。

通过红牌作战贴出来很多问题点，这些问题点就是接下来以组为单位进行全员改善的内容。通过制订计划，让班组长学习并掌握甘特图制作的核心内容和转动PDCA的逻辑，培育班组长制订计划的能力。一个完整的计划能够显现出班组长日常工作安排是否恰当。

步骤五：会议发布。

核心要点：时间把控、团队协作、目标达成、过程管控。

在红牌张贴之后，针对红牌的内容要进行发表，在会议中讲解贴红牌的数量、类别，通过会议发布，锻炼班组长的登台演讲能力和快速总结能力。通过红牌，也可以看出班组长对现场问题的掌握程度。会议发布要体现全员贴红牌的数量、体现团队协作的能力，另外，对于贴红牌的数量是否达成要进行说明。

步骤六：改善实施。

核心要点：浪费排除、效率提升、品质改善。

在开展现场改善的时候，一切5S改善活动都要和浪费、效率、品质改善等挂钩，要让公司员工和管理者都了解现场开展的5S改善活动是和员工的切身利益挂钩的，是能够真实地计算出效益的，这样员工的参与度才会更高，管理者的支持度也会更高。当一切5S改善活动都是以效率、品质为基调的时候，改善的收益、改善的氛围、改善的成果才会越来越大。

步骤七：整理清扫基准。

核心要点：标准我拟定、标准我执行、标准我改善。

通过贴红牌，贴出问题、整改问题之后，接下来就需要对改善的内容进行初步的标准拟定。这个标准由谁负责拟定呢？可能有人说是IE工程师或者车间主管进行拟定，其实这种想法是错误的，标准的拟定实际是由区域的责任人进行的，也就是现场负责的班组长，只有自己拟定的标准，自己才能够更好地执行。在执行过程中，依据工作中变化的环境，持续优化标准，这样的整理清扫基准才能够实施下去（图4-3）。

清扫整理目标效果图	清扫整理标准			
	物品名称	数量	清扫方法	清扫频率	目标状态
	电脑显示屏	1	干抹布擦拭		显示屏、显示器支架、后背无灰尘、污迹，联线整齐，无绕线现象
	鼠标及鼠标垫		干抹布擦拭		表面及底部无灰尘污迹
	键盘	1	干抹布擦拭	1次/周	按键表面及缝隙无灰尘，污迹，键盘内无杂物
	桌面	—	抹布擦拭		桌面干净整洁、无杂物，物品定点放置，做好相应标识
	日历	1	干抹布擦拭		表面无积灰
	水杯	1	水冲洗	按个人习惯	定点放置，干净，无明显污迹
	笔筒+笔	1	干抹布擦拭		表面无积灰
	面巾纸抽	1			
	网线、电源线	—	抹布擦拭		线路整齐有序，无明显污迹
	抽屉	1	抹布擦拭	1次/周	抽屉物品摆放整齐，办公室抽屉只放置当月个人使用的办公用品，不放置待办文件及公共资料等
	椅子	1	抹布擦拭		无灰尘、污迹

图4-3　某企业的整理清扫基准

步骤八：5S 责任地图。

核心要点：明确区域、明确责任、明确标准。

5S 责任地图的意思就是这个区域是谁负责的问题，一般在改善实施标准拟定之后，要将车间的每一块区域都拟定好负责人。无责任不承担，只有给相应的区域选定责任人，责任人才有意识去维护好自己负责区域的现场管理。也只有这样，5S 管理活动才能够真正落到实处。在 5S 责任地图划分的时候，切记一定不要遗漏公司的任何一个角落，因为公司的每一个角落都需要开展 5S 改善活动。

步骤九：5S 稽核检查。

核心要点：明确检查的重要性，明确评比的重要性。

拟定了责任地图之后，如果缺乏一定的检查评比机制，即使确定了区域责任，也难以按照标准进行维持。检查与考核是企业管理中的一对孪生兄弟，只检不考，缺乏力度；只考不检，失去行使依据。强有力的检查与考核，是推进企业 5S 管理执行力的锐利武器。同时，检查又是考核的基础，其为考核提供了信息和数据，为考核的公平和公正提供事实依据。员工永远只会做检查的事情，嘴上要求万遍，不如行动检查一遍，没有检查，就没有现场 5S 改善的执行力。

在 5S 稽核检查的时候，要制作现场 5S 检查表，并且按照检查项进行检查，评分（图 4-4），同时一定要确定检查的频率，前期可以每天都检查，规定好时间进行检查，后期可以 2~3 天检查一次，采取突击的方式进行检查，对检查后的内容进行汇总，并及时公示。

步骤十：5S 会议召开。

核心要点：会议定时召开、会议问题展示、问题持续整改。

前期依据 5S 检查的标准和频率进行检查后，每个月要对检查的结果进行总结与反思，总结的内容是上个月各个区域 5S 管理维持的结果，反思的是有多少个标准不能够被维持，需要改进。针对连续扣分的现场问题点，班组长要拟订改善措施与计划，彻底解决遗漏的问题点，将员工从困惑中解救出来。

被检查部门：　　　　　　　　　　　检查日期

序号	检查项目	检查标准	评分	序号	检查项目	检查标准	评分
1	物料产品（15分）	1. 现场物料产品分类分区规划明确，且线条清楚 2. 现场物料，产品定置定位摆放 3. 物品摆放不超出区域线或定位线 4. 物料、产品摆放整齐、安全，无混装现象		6	设备工具（15分）	1. 机台油、水、电路紧固，无泄漏 2. 设备外观清洁干净，无黄锈、积尘、脏污 3. 设备上无配件、产品、工具及杂物堆放 4. 设备有管理责任牌。有维护保养及设备状态标识	
2	现场标识（10分）	1. 各区域有区域标识，并且标识正确 2. 标识牌整齐不歪斜，无掉落 3. 标识清楚，破损标识或标识牌及时更换		7	设备工具（10分）	1. 有设备操作规程和作业指导书 2. 工具有定位摆放整齐，清洁并标示清楚 3. 工具柜内工具及其它物品分类整齐摆放	
3	通道地面（10分）	1. 消防通道畅通，无物品堆放，无阻塞 2. 通道线完好无破损，物品摆放不超出通道线 3. 地面无油污、积水、烟蒂、纸/袋等垃圾 4. 无工夹具等直接放地上		8	人员（10分）	1. 按规定穿戴工作服和劳动保护用品，不得穿拖鞋、短裤、裙子上班 2. 无闲聊、窜岗、看报纸、玩手机、上班睡觉或精神不振、形象邋遢人员 3. 车间内无违规吸烟现象，地上无烟头	
4	墙壁门窗台柜（5分）	1. 玻璃明亮，窗台干净无积尘，无杂物摆放 2. 墙壁无手脚印、蜘蛛网、无乱涂乱画 3. 门窗、墙壁无不用的张帖物 4. 无玻璃、门穿破损（2个工作日内报修） 5. 台柜物品有标识，无杂物堆放、无积尘 6. 工作台台面干净、整洁、物品摆放有序		9	安全（10分）	1. 消防器材处于良好状态，且表面干净整洁 2. 消防器材有日常清洁维护和责任人，有点检 3. 危险物品隔离在指定场所，专人保管	
				10	看板（5分）	1. 过期公告及时清除、车间看板内容及时更新 2. 公告栏板内容粘贴整齐、牢固、资料填写完整	
5	电/气（5分）	1. 电气控制箱、配电柜前无准放物品，内部不得有异物、布线有序，门处于常闭状态 2. 电器开关无异常、电线无破损，裸露现象 3. 下班关闭灯、机器等电源，无浪费电现象		11	其他（5分）	1. 无多余物料/杂物/废旧物品长期堆放 2. 水杯放置在与生产无关的定位区，且摆放整齐	
				检查人签名： 被检查部门确认：			
说明	1. 总分100分，每单项不合格规严重程度扣分（为1～4分），轻微者每次至少扣1分，严重者每次扣分最多不超过4分，每类项目合计扣分不超过该类项目最高分值；2. 每次开出的不合格项到期未整改又无特殊理由经批准，则每项扣3～4分；3. 计分结果分为：A、优秀(>90分)；B、说明合格(>80分)；C、改进（70～80分）D、差((70分）共4等 2.5S检查员查到上表未提及之缺失，将酌情扣分						

图 4-4　某企业现场 5S 检查表

第二节　现场的 4M 管理

所谓现场的 4M 管理，其实就是现场人、机、料、法的管理，班组长只有将人、机、料、法管理好，产品的品质、效率、5S 才能管理好。笔者曾经在辅导一家企业的时候，这家企业的总经理说过一句话："企业管理要围绕效率、品质、5S这个金三角开展，而输入的要素就是人、机、料、法，我们要合理的管控输入的人、机、料、法，才能得到我们想要的效率、品质、5S。"

在班组中的人、机、料、法处于稳定状态时，企业的产品相对也会很稳定。而在人、机、料、法产生变更时，大概率会引起异常，极端时会引起一系列异常。据统计，70%以上的异常来源于变更。

这里要引入一个工具，叫作变化点，变化点是指通常状态变为另外的状态，如设备和夹具的交换、作业者的交替、换模变更等，常说的4M变化点是指人（Man）、机械和设备（Machine）、物（Material）、方法（Method）。

现场4M管理的意义是防止出现批量质量问题；加强可追溯性，有利于产品出现问题时分析对策；有利于对有质量问题的产品流入市场后的处置；有利于加强对各环节的质量控制、质量改进，不断改进过程及产品质量。

班组长在实施4M管理的过程中，为了能够系统地进行开展，确保实施的效果，可以从以下4个步骤着手开展工作（表4-2）。

表4-2　4M实施的4个步骤

步骤	步骤要素	步骤内容
1	现场建立变动点看板	（1）以班组为单位，建立变化点管理看板，实现行动的可视化 （2）建立变化点知识看板，强化现场人员变化点意识 （3）对所有的班组员工进行变化点知识的培训，确保信息共有
2	变化点岗位标识	（1）对变化点岗位进行标识 （2）在早会上与班组全员共享变化点内容
3	变化点信息记录于管理	（1）通过各类表单对变化情况、确认情况进行记录，记录应保存至少1年 （2）建立变动点管理台账，实现可追溯性
4	变化点内容储物管理	运用初物单，实施储物管理

第三节 现场的异常管理

经常在企业培训过程中，对企业中的管理人员宣导，每个企业都会存在异常，不存在没有生产异常的管理现场，只不过每个企业存在的异常有多有少。在生产现场制造产品的过程中，班组长管理着一个班组的产品质量、效率，为了确保输出足够的产能和良率，班组长必须做好管理。但是，任何管理都会存在一些意外情况，我们把对这些意外的情况的管理称为异常管理。

一、异常管理的定义

生产异常管理是指导致生产部门停工或生产进度延迟的事件，由此造成了无效工时或者叫异常工时，对此类工时进行合理的管理。

比如：班组 A 效率应该做到 90%，而实际只有 64%；班组在现场生产的过程中不应该发生物料丢失却发生了物料丢失；实际班组的绩效低于初期制定的目标；正常生产过程中，生产中断等，这些都属于异常情况。对这些异常情况必须进行管理，以降低或者减少异常情况的发生。

异常的发生不可避免，为了对异常进行更好的管控，需要对异常进行分类，以确保及时准确地管理。可以把异常分为 10 大类：非计划换线、停工待料、来料不良、试产、工/治/模具异常、设备异常、返工返修、制程异常、停电停水、品质不良。

（1）非计划换线：不在计划之内的换线导致的异常工时损失。

（2）停工待料：待料且无其他工作可做或者有其他事情做造成的异常工时损失。

（3）来料不良：因来料不良造成换线工时损失。

（4）试产：由于公司开发新产品而需要进行制作而发生的时间。

（5）工/治/模具异常：工/治/模具发生异常，导致受影响人员无其他生产任务可做。

（6）设备异常：设备发生异常，但受影响人员无其他生产任务可做，按以下规定处理。

（7）返工返修：返工返修异常分为库存返工、制程返工、客退返工三类。

（8）制程异常：公司安排与生产任务发生冲突时必须选择而产生的异常工时。

（9）停电停水：公司内部和外部原因造成的短期停电停水现象而导致员工停工等待造成的工时损失。

（10）品质不良：因设计、BOM 导致不良产生发生的异常工时。

二、异常管理的流程

从班组长的角度看，任何班组长都不希望自己的班组出现生产异常，从而导致班组的产能和效率受到影响。但是，从另一个角度看，异常是我们持续成长的一个要素。出现异常并不可怕，怕的是班组长没有面对异常的勇气，没有解决异常的能力。当面对班组出现的异常，异常班组长可以参考表 4-3 异常管理流程来解决异常。

表 4-3 异常管理流程

步骤	步骤名称	步骤核心内容
1	生产异常上报	（1）生产过程发生异常时，班组长必须立即了解异常的原因并对异常原因进行（能力范围内）分析 （2）班组长对异常问题不能分析的，立即上报生产经理，生产经理立即去生产现场查看问题，了解问题原因（生产经理依据问题严重程度决定副总是否要来现场） （3）班组长通知 IE 来到现场，共同分析问题
2	填写"异常工时损失单"	（1）由班组长填写"异常工时损失单"，IE 依据问题现状对工时损失额进行确定 （2）异常发生原因、责任单位归属由 IE 和生产部经理共同决定（难以判别的情况由副总进行判定）
3	生产现场异常控制	（1）异常可以立即解决的，班组长立即进行解决 （2）不能够立即解决的，班组长对异常产品的（物料、在制品、半成品、成品、检测的不良品）进行标识、隔离并存放备料区域线内 （3）换线生产其他产品 （4）生产部经理协调其他部门进行协同解决

续表

步骤	步骤名称	步骤核心内容
4	生产异常工时损失统计	（1）班组长对异常工时进行统计计算，统一计算方式：异常工时 = 异常时间 × 人数； （2）IE对异常工时进行判定，作为第三方确定异常工时是否属实； （3）IE找责任单位进行签署异常工时；
5	月度异常工时分析	（1）生产部经理每月（分4周）汇总异常工时，召开异常工时分析会议 （2）同时，异常工时责任部门需分析原因，列出改善对策 （3）对月度异常工时损失金额，财务进行核算

班组长填写的"异常工时损失单"及"月度异常工时汇总表"见表4-4、表4-5。

表4-4 异常工时损失单

异常工时损失单			
时间： 月 日 : 分至 : 分		车间（线体）：	提报人：
异常状态描述			
异常类别	□非计划换线　　□停工待料　　□设备异常 □工/治/模具异常　□返工　　□品质不良 □来料不良　　　□制程异常　　□停电停水　　□试产		
处理方式	□重工　□停线待料　□换线　□其他		
物料损失明细 （涉及物及损失才填写）	物料名称	数量	单价	金额（元）
	以上物料损失金额由采购进行核算		小计	
异常工时损失明细	处理流程/工序	工时	人数	单价	金额（元）
	以上工时由处理部门进行核算			小计	
合计金额：____万____千____百____拾____元____角____分 （备注：异常工时费用统一按人民币：x元/小时收取，财务部根据责任归属对金额进行划分和扣除）			
责任归属	□供应商：		□责任部门：	

续表

确认会签栏	
（注：除品质异常外，不需品质部确认；涉外供应商必须由采购部协助外部确认）	
生产部	
品质部	
采购部	
计划部	
仓库	
技术部	
供应商	
财务部	

表4-5 月度异常工时汇总表

日期	线体	机种	停线原因	异常时间	恢复时间	损失工时	投入人力	总损失时间	损失金额	责任归属	异常时间确认人	恢复时间确认人
4月17日	加工线	RC1050	方振电池盖异常停线	8：20	9：20	1	5	5	100	品质部	方振驻厂人签字	方振驻厂人签字

第四节　班组的员工管理

一个班组是由员工构成的,实现员工的快速成长是班组长的首要责任。判断一个企业班组现场管理水平高不高,是否拥有核心竞争力,主要看这个企业班组现场人才培养的体系是否健全、完善。

多数民营企业在快速发展过程中,班组人才成为企业发展的瓶颈。很多企业的老板不愿意培育班组长,认为培育班组长的周期太长,培训体系也不健全,或者不明白怎么培训才能培育出合格的班组长。

首先,必须清晰地认知到,90%的班组长都是从一线员工提拔上来的,所以要想有优秀的班组长,必须从培育一线优秀的员工做起。很多企业员工进入班组后,员工自己野蛮成长,在班组中自生自灭。而随着班组人员流动越来越多,企业培训机制不完善,无法确保新员工快速上岗,也因为大多员工技能不足,导致不能够快速换线,换线后的效率不高,频繁出现质量问题,从而导致员工经常超时加班,影响员工身心健康并加速员工流失。

案例:某服装公司一线人才培养方面的问题

笔者曾经辅导过一家做羽绒服的服装公司。羽绒服的工序是相对比较复杂的工序,一般做这样工序的员工都需要至少1年以上的工作经验。员工的月工资有的甚至高达1.3万元。每个班组的人员数量在35~45人之间。由于羽绒服款式复杂,像做拉链、开口袋这样的工序,至少需要做了2年以上的员工,才能够熟练地做出良好的品质。当我问厂长,这样的高技能员工请假了怎么办时,厂长说:"没有办法啊,其他员工也不会,即使会做,也会出现很多品质问题,很多班组长只能自己顶岗。"后来在辅导的过程中,发现班组存在五点关于一线人才培育的问题:

第一点：班组长经常认为培育好了，员工就走了，白白耗费时间与精力。

第二点：有的班组长进行了培育，但是往往缺乏计划性，基本上没有培育计划。

第三点：生产任务非常忙，根本没有时间培育员工。

第四点：新人进来后，先做一些简单的工序，慢慢进行操作，到后来，培育就不了了之。

第五点：班组长不愿意招聘没有技能基础的新人，班组人员越来越少，招聘越来越难。

其实，上面的这个案例是我们中小企业很多班组的现状，很多企业对中高层的培育非常重视，经常内聘讲师到企业内部对企业的中高层进行培训，甚至将中高层送到国外进行标杆游学，却很少花时间与费用对一线员工进行有计划培育。很少有企业有一套完整的对于一线人员进行培育的体系，在一线员工培育方面都存在"先天不足"。

一个优秀的企业，要想快速地培育一线员工，并认知到这种培育的重要性，必须革除四种意识：

第一种意识：让员工自学

很多企业招聘新员工进入企业后，告诉员工，你看着旁边员工的做法，自己学着做。班组长告诉员工这样的话语之后，就再也没有对员工进行培育或教导了。很多新员工进入企业后，更多的是靠自己的自学意识来成长。很多员工抱怨：进入企业没有人带我，我也不知道该如何操作，面对新的工艺流程，不知道如何学习作业。

第二种意识：让师父带着学

一般的机械加工厂，招聘到新员工后，让老师父带着新员工学习，老师父自己还有工作，也是爱搭不理的态度，你问我就回答，你不问我也不想回答。这样的师徒关系，学徒一定是学不好的，终其原因，无非是没有给师父发放教导的津贴。

第三种意识：让班组长亲自教导

新员工进入班组后，多数情况下是由班组长带着新员工进入工作环境的，第一个岗位操作的工序内容也是由班组长教导的，但是班组长杂事比较多，也没有系统的教导方案，不可能持续地或者有节奏带着员工操作，并持续进行教导，这样就导致教导工作不系统并且不能够持续。

第四种意识：从小工做起

新员工进入工作岗位后，一般都是由简单的工作开始做起的，由于没有对员工开展培育的机制或者培训的计划，员工都从最简单的开始做起，导致员工成长缺乏计划性，员工看不到成长的希望，不愿意长期做简单的工作，从而导致新员工流失。

为了避免班组一线人员的流失，也为了能够不断地培育班组人员的能力，让新员工快速上岗，让少技能工变成多技能工，就需要拟订一系列的培育计划、培育标准、考核标准、岗位工资等制度。

所以，培育一线员工是一个系统工程，涉及的部门包括人力资源部门、生产部门、品质部门等，只有各个部门相互配合，制定出系统的培育制度，才能为企业留住人才，为企业培育出更多人才。

光有培育多能工的计划还不行，还需要班组长具有日常工作教导的技能，班组长必须学习在日常工作中进行持续的教导，在工作中实现育人的目的，才能实现真正的人才育成。

一、多能工管理

多能工：生产线上能熟练操作两种或两种以上工种且能协助相邻岗位（工序）操作的作业员。通过培育多能工，确保每一位员工能胜任多个岗位的工作，达成"互相学习，共同进步"的目的，使员工成为一人多岗、一岗多人的通才。

一个多管理的班组长一定会培育多能工的，因为他知道一个班组有很多多能工，对自己班组的工作安排会有很大的柔性，对于品质的提升会有很大的帮助。那么，如何培育多能工呢？培育多能工必须遵循一定的步骤，多能工培育可以分为7个步骤（表4-6）。

表4-6 多能工培育步骤

步骤	步骤名称	核心内容
1	受训者资格挑选	多能工必须为工龄1年以上的老员工
2	受训者选择学习项目	多能工训练和培养必须本着员工自愿（自己希望能通过学习掌握更多技能），一般情况下每一工序都必须储备两名以上的多能工。因此，多能工训练要避免那些所谓的喜欢做的工作（或简单的工作）都要去学，而复杂难做（或是较为繁重，较为肮脏的工作）就不想学的不良现象。班组长根据生产实际安排培训计划实施教育、指导以及训练
3	学习周期制定	根据员工申请立案，再根据该工序的工作内容及复杂程度来制定学习周期，形成多能工训练表，然后按计划逐一进行作业基准及作业指导书内容的教育指导，注意事项：单个模块学习周期最多不能超过两个月
4	实施岗位操作等内容	完成初级理论教育指导后进入该工序参观，在员工操作的同时，加深对作业标准及作业顺序教育内容的理解，再插入该工序与员工一起进行实际操作以提高作业准确性及顺序标准化，同时掌握正确的作业方法。 注意事项： （1）要理解每个模块的工作流程及工作注意事项； （2）进行相关的理论知识讲解/实践操作
5	部门领导考核	依照多能工评价表进行评价：理论30%和实际操作能力70%
6	获得多能工资格认证	总评价分数在80分以上即可获得本部门多能工资格认证书
7	轮岗管理	考核通过之人员可申请换岗操作

很多企业在开展多能工过程中，缺乏一些机制，导致多能工管理不能够持续开展，为了避免多能工管理半途而废，需要事先掌握这些机制内容，从而更有利于多能工管理项目的推进。

1. 多能工的培训计划

很多企业对于员工的培训是缺乏计划性的，基本上是按照班组长的日常工作时间来确定，班组长今天有点空余时间，就可以教导一下员工，如果没有空余时间，教导的事情就遗忘在脑后了。缺乏培训计划的多能工的培育体系是不完整的，也不可能让员工快速地育成。

为了系统地快速地培育多能工，必须对多能工的培训拟订计划，有针对性地开展培训。培训计划表必须包括以下要素：姓名、工龄、所有工序名称、目前掌握的工序数量、计划培训的工序数量、计划培训的时间（图4-5）。

培育多能工是为了能够快速地换线，做到换线时不因技能的原因导致产线平衡率低下；针对多能工培训的内容必须遵循一个原则，才能达到我们培育多能工的目的。

培育多能工的原则是3×3×3原则。第一个"3"是指以10为单位的一个班组中，必须有3位员工是全能工，所谓全能工，就是所有的工序都必须掌握，并且熟练操作；第二个"3"是指一位员工必须会操作3种以上的工序内容；第三个"3"是指1道工序必须有3位员工会操作。只有有计划性、有针对性地培育多能工，才能达到培育多能工的目的。

生产线班组长须严格按照培训计划组织培训，安排专人带教并在培训过程中给予帮助和指导，学习内容参照部门标准的"岗位训练表"，培训方式采用交叉培训及轮岗培训。交叉培训是指操作员工在本部门内采用轮流换岗、交叉操作的方式，达到培训目的的方法，也就是各岗位操作人员交换工种进行操作，此情况适用于因生产线繁忙、无法安排特定时间专岗培训的多能工培训。轮岗培训是指通过生产线有计划地安排员工进行各工种的轮流培训，培训时间及频次依据"多能工各岗位培训周期表"而定，培训前填写"多能工培训计划表"，培训期间可举行各组或各制造部间的多能工技能竞赛，以激励员工更快、更熟练地操作各工序。

2. 多能工的培训时间

在现场一线，很大一部分操作是重复性操作，其所占比例一般为80%，这些都属于简易作业，培训周期往往只需要7~14天；另外一部分是调整性操作，所占比例为15%，这些需要一定的经验和技术，培训周期往往需要

车缝工技能及培训计划表

组别：车缝1组　　组长：　　　　更新时间：2021年5月17日

序号	姓名	工龄	平车 上拉链	做杯	上杯底	做杯	欽皮	打脚口下摆	压排缝	四线 上腰头/上领	拼缝	其他机器 平双针压纲圈套	人字车	四针六线	掌握工序数	计划培训数	合计工序数	预计培训完成时间
1		1	×	×	×	○	○	○	○	○	○	○	○	×				
2		4	×	○	×	×	○	○	×	○	○	○	○	×				
3		6	×	×	×	○	○	×	×	○	○	○	×	○				
4		6	×	×	×	×	○	×	×	○	○	○	×	×				
5		6	×	×	×	×	○	×	×	○	○	×	×	×				
6		6	×	×	×	×	×	×	×	○	×	○	×	×				
7		10	×	×	×	×	×	×	○	○	×	×	×	×				
8		10	×	×	×	×	×	×	○	○	×	×	×	×				
9		10	○	○	○	×	×	×	○	○	×	○	×	×				
10		3	×	○	○	×	×	×	○	×	×	×	×	×				
11		1	○	○	○	×	×	×	×	×	×	×	×	×				2021.8
12		4	×	×	×	×	△	×	△	×	×	△	×	×				2021.6
13		1	×	×	×	×	△	×	×	×	×	×	×	×				2021.7
14		5	○	○	○	×	△	×	×	×	×	×	×	×				2021.8
24		1	×	○	○	×	×	×	×	×	×	×	×	×				2021.8

备注：1. 已经掌握的技能用○标示。2. 计划培训的技能用△标示。3. 目前不能掌握的技能用×标示。

图4-5　多能工培训计划表

15~90天;还有一部分是异常处理,所占比例5%,这些需要特别的经验和独到的技术,培训周期往往需要一年以上。

对于新人来讲,多能工的培训大多数都是在上班时间内完成的,对于老员工转换到新岗位需要学习新技能时,可能会在加班的时间内完成。班组长要依据生产任务的紧张程度来合理安排培育时间,确保及时完成生产任务。

3. 多能工的技能矩阵

在开展多能工技能的时候,必须要用一个图形来表示该员工对该技能掌握的程度,一般情况下,是用一个圆形来表示。

采用四分法进行员工技能评价,明确员工岗位技能的四个水平。对于个人而言,能够让员工客观评价自己、明确努力的方向。对于管理者而言,能够对各岗位和人员的技能情况掌握到位,对不足者加强培训、指导和追踪,对优秀者给予肯定,并易于人员调配,减少人员变动对生产经营的影响。

技能矩阵通常以表格形式体现(表4-7)。技能矩阵实际是一种团队建设工具,它以确保业务需要得到满足为前提,明确团队成员完成团队工作所需的知识技能和能力要求,通过盘点团队成员的实际水平与需求之间的差距,提出未来团队的培养发展建议,以及为未来人员配置提供依据,最终实现团队组合最优化的作用。技能矩阵核心是明晰团队能力现状与需求的差距,明确未来的发展方向,所以对于评估的准确性相较于晋升选拔要求会低一些。技能矩阵在车间班组的实际应用如图4-6所示。

表4-7 技能矩阵图形说明

图形样式	图形说明
⊕	说明该员工不具备操作该工序的技能
◐	说明该员工在指导下可以操作,属于学习阶段
◐	说明该员工已掌握该项技能,能独自操作
◗	说明该员工掌握了该项技能,并能指导他人
●	说明该员工非常精通该项技能,不仅能指导他人,还能提出合理化建议且组织实施

序号	员工信息	入职时间	等级 A					等级 B							等级 C			
			×××工序	×××工序	×××工序	×××工序	×××工序	×××工序	×××工序	×××工序	×××工序	×××工序	×××工序	×××工序	×××工序	×××工序	×××工序	×××工序
1	姓名： 工号：		⊕	⊕	⊕	◔	◔	●	◔	⊕	⊕	⊕	⊕	⊕	⊕	⊕	⊕	⊕
2	姓名： 工号：		◑	◑	◑	◕	◕	◑	◑	◕	⊕	◕	◕	◔	◔	◔	●	●
3	姓名： 工号：		◔	◔	⊕	◔	⊕	◔	◕	⊕	⊕	◕	⊕	◕	⊕	⊕	●	●
4	姓名： 工号：		◔	◑	◑	◑	◑	◕	◕	◔	⊕	◕	◔	●	◔	⊕	●	◕
5	姓名： 工号：		◔	⊕	⊕	⊕	⊕	⊕	◕	⊕	◕	◕	◔	●	◔	◔	●	◔
6	姓名： 工号：		◔	⊕	◑	⊕	◑	◑	⊕	◔	◔	●	⊕	⊕	⊕	⊕	●	●

图 4–6　某公司的车间员工技能矩阵图

4. 多能工的成长路径

一般情况下，只要成为多能工，都希望自己的职位能够提升。所以，在这种情况下，针对多能工的职业成长路径就必须清晰地进行拟定并公示，以便让优秀的员工清晰地知道自己的成长路径，拟定自己的成长计划（图4-7）。

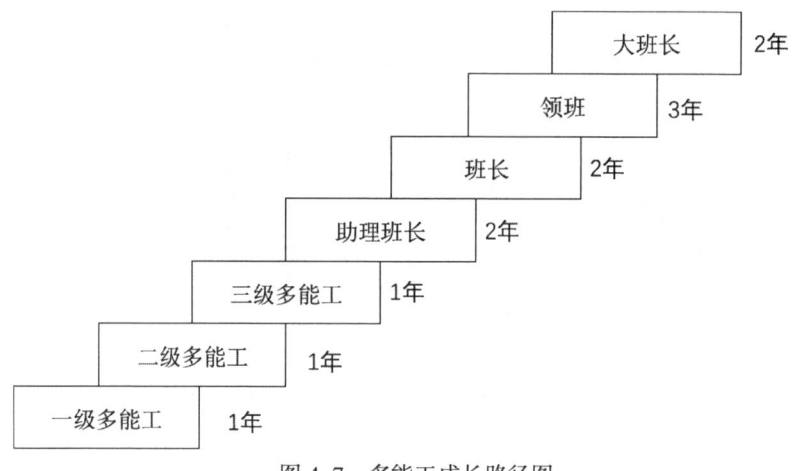

```
                              大班长     2年
                        领班        3年
                  班长        2年
            助理班长    2年
      三级多能工   1年
   二级多能工  1年
一级多能工 1年
```

图4-7　多能工成长路径图

5. 多能工的薪酬机制

建立与多能工评价体系配套的激励体系，运用多种激励方式，激发员工的工作热情和积极性，将员工的技能提高与职业生涯发展紧密结合，为操作岗位员工打造除职务晋升外的另一个职业生涯通道，让员工关注自身技能的提升，以带来公司整体绩效的提高，即通过员工个人的"增值"，实现企业的"增值"。

每年组织一次多能工的考核评价，一方面进行新任多能工的认定，另一方面对多能工一年的工作业绩做全面的梳理，按照奖励先进、鞭策后进的原则，对业绩完成突出的多能工给予特别奖励，对于业绩差的多能工取消其多能工资格。

一般情况下，多能工的薪资模式可以分为三种（表4-8）

表4-8　多能工薪酬计算模式

薪资种类	计算方式	遵循的原则
第一种	多能工工资＝班组员工平均工资＋500元	多劳多得 按技付酬
第二种	多能工工资＝个人计件工资＋500元	
第三种	多能工工资＝班组员工平均工资×1.3	

二、员工的工作教导

什么是工作教导？当班组长听到工作教导的时候，想到的词会不会是我没有时间？为什么要我去教导？为什么不是人事部门去教导？

顾名思义，工作教导就是在工作的时候去持续地教导。

工作教导属于 TWI 的一个部分，TWI 包括四个部分：作业指导、人际关系、作业改善、作业安全（图 4-8 及表 4-9）。

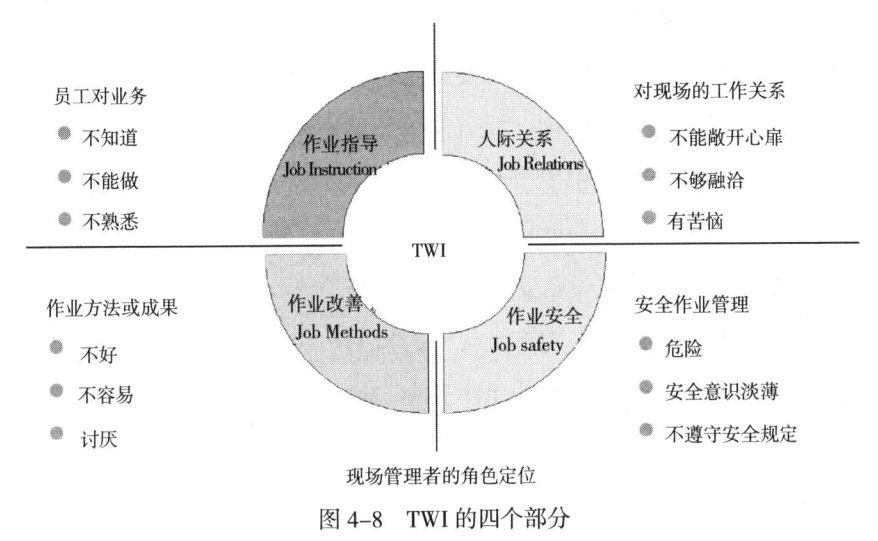

员工对业务
- 不知道
- 不能做
- 不熟悉

作业指导 Job Instruction

人际关系 Job Relations

对现场的工作关系
- 不能敞开心扉
- 不够融洽
- 有苦恼

TWI

作业方法或成果
- 不好
- 不容易
- 讨厌

作业改善 Job Methods

作业安全 Job safety

安全作业管理
- 危险
- 安全意识淡薄
- 不遵守安全规定

现场管理者的角色定位

图 4-8　TWI 的四个部分

表 4-9　TWI 的详细收益

工作教导收益	工作关系收益	工作改善收益	工作安全收益
多能工培养	降低员工离职率	改善作业能力的提高	减少安全事故
标准作业	改善提升作业环境	建立员工改善的体制	预防事故的能力
杜绝错漏装配	人际关系融洽	工作方法明确	切断事故灾害的能力
减少不良	提升沟通的技能	合理化提案增多	实施 KYT 活动
杜绝报废	提升汇报工作的能力	减轻作业劳动强度	提升产量
消灭事故	提高解决问题能力	设备损坏减少	设备点检保养规范
节拍时间顺畅	降低用人成本	节拍时间顺畅	明亮的作业环境
设备损坏少	提高配合工作的积极性	增加员工收益	消除隐患能力
训练时间缩短	营造和谐的班组氛围	沟通顺畅	员工工作安心

班组在生产过程中，什么时候开展工作教导比较合适呢？必须要有一个

开始工作教导的契机,这个契机是开展工作教导最好的时间。开展工作教导有以下10个机会。

1. 当员工出现晋升、调职等人事变动的时候

当一个员工晋升为班组长的时候,一定会出现不明白的地方,这个时候就是开展工作教导的正确时机,需要由车间主管或者班组长的其他上级对新任班组长进行工作教导,确保上岗后能够顺利过渡。

2. 当班组出现新工艺、新设备、新技术的时候

班组新增新设备后,新设备需要员工进行操作,这个时候也是开展工作教导的时机,如果教导不合理,没有能够正确地教导设备的使用,往往会造成设备的错误使用,进而引发安全事故。所以,当班组新进设备、添加新工艺的时候,一定要开展设备正常使用的教导,而这种教导就是工作教导。

3. 当员工存在操作或设备安全隐患的时候

班组中存在安全隐患的地方有很多,班组一定要识别危险源,在识别出危险源之后要对员工开展操作的工作教导,通过工作教导告知员工正确的操作方式,从而避免出现安全事故。

4. 当有新员工正式上岗的时候

无论新员工做什么工序的工作,只要班组中有新员工上岗,就需要对员工开展教导,以提升员工上岗的效率同时避免出现产品品质不良的问题。所以,当有新员工上岗的时候,班组长要依据上岗培训清单的内容,对新员工开展培训,开展培训的知识通过工作教导的方式进行。

5. 当员工在工作被授权之前的时候

班组长总有忙碌或请假的时候,当班组长职责中的某一项职责不能够及时完成时,需要代理人完成。这个时候,就需要班组长对代理人进行工作教导,通过工作教导确保该职责能够顺利地被完成。

6. 当班组需要多能工技能员工的时候

每个班组中都需要一定的多能工,多能工能够帮助班组合理顺利地安排产线工序,确保产线的平衡。所以,班组长要刻意有计划地培养增加多能工

的数量。对多能工进行培养，就是通过工作教导的方式进行的。

7. 当班组生产计划有变动的时候

班组生产计划发生变动的时候，意味着有新的产品需要制作，当切换计划的时候，必须对员工开展工作教导，往往切换后的第一个产品全过程都需要班组长进行工作教导，确保员工学会之后，再开展下一道工序的教导工作。

8. 当班组在新产品投产前的时候

新产品是之前没有做过的产品，当班组出现新产品的时候，一般会有试产的机会，通过试产的机会，让班组长对每一个员工进行工序制作的教导，从而梳理出在试产过程中可能出现的问题点，避免在大批量生产过程中出现。所以，新产品试产的时候，需要班组长开展工作教导，确保员工每一道工序都会制作。

9. 当班组出现批量质量事故的时候

班组长最担心的问题莫过于此，班组中出现批量事故，往往是班组长缺乏工作教导，员工按照自己的方式进行作业而导致的。产品是由工序组合的，品质是在工序中打造出来的，避免出现品质问题的根源就需要在工序中做出良好的品质。所以，当出现质量事故的时候，需要班组长有耐心地开展工作教导，确保员工做出良品。

10. 当员工产能表现不佳的时候

中国很多制造型企业一线员工的薪资模式都是计件工资模式，当员工出现工资不高的时候，班组长要清楚地知道一定是作业方法出现了问题，需要对员工开展工作教导，确保员工按照正确的顺序、步骤开展作业，确保员工的作业内容在标准时间内完成。员工按照组长教导的操作完成作业后，产能得到提升，说明班组长的工作教导起到了作用。

在开展工作的过程中，一些班组长常常担心教导了别人，自己会被替代，从而不乐意开展工作教导。种种原因导致工作教导存在一些瓶颈，比如未能对员工技能差距做针对性的检讨、没有习得工作教导的基本技巧、教导工作不能够持之以恒地进行。究其根本原因，是班组长的思想没有转变过来。精益班组长经常会这样做：教导员工的时候会主动地教导，开展工作教导是按照日程表有计划性地推动的。所以，班组长在开展工作教导的过程中，要少谈责任心，多做改善，少谈缺乏质量意识，多说按照标准作业。

在开展工作教导的时候，常常有一些原因导致工作教导不能够得到满意的结果，主要原因有学员紧张、教导内容不对、一下子说太多内容、没有对重点进行说明、前后顺序不一致、缺乏实战练习、缺少发问的机会、未进行检查跟踪等。因此，为了能够顺序地开展工作教导，必须遵循工作教导四步法，确保员工按照这四个步骤去学习。

步骤一：使学员做好准备。

（1）使学员放轻松。

（2）告诉他们工作名称。

（3）了解他们对此工作了解多少。

（4）激发学员学习这项工作的兴趣。

（5）使学员处于正确的位置。

步骤二：展示操作。

（1）说明、展示、示范每一个主要步骤，一次一个步骤。

（2）说明、展示、示范每一个主要步骤及其关键点。

（3）说明、展示、示范每一个主要步骤、关键点及关键点理由。

（4）明确、详尽、耐心地指导。

（5）一次不要教得过多而超出学员能熟练掌握的能力。

步骤三：学员尝试执行。

（1）让学员尝试执行工作，并矫正其错误。

（2）让学员再做一次，并解释主要步骤。

（3）让学员再做一次，并解释每个主要步骤的关键点。

（4）让学员再做一次，并解释每个关键点的理由。

（5）重复，直到确认学员已经充分了解。

步骤四：后续追踪。

（1）指派学员一项工作。

（2）告诉他向谁请求协助。

（3）经常检查他们的工作进展。

（4）鼓励学员发问。

（5）逐渐减少后续跟进中的指导。

第五节　班组的日报管理

一、日报的方式

当谈到日报的时候，很多班组长想到的是平时生产这么忙，还要做日报，感觉太累了。不想做日报。其实，日报有很多种方式，包括固定格式的生产日报表及填写的交接班记录表等。不过，这里强调的日报不是日报表，也不是交接班记录表而是指工作当天最重要的一件事。班组长每天做的事情有很多，但是哪一件事情是最重要的呢？这需要班组长去梳理出来。

开展每天最重要的一件事这种方式，有以下5点意义。

（1）通过开展每天最重要的一件事，可以看出班组长的管理思路。

（2）通过开展每天最重要的一件事，可以梳理出重大异常问题。

（3）通过开展每天最重要的一件事，可以承接公司课题分解。

（4）通过开展每天最重要的一件事，可以完成上下级任务交接。

（5）通过开展每天最重要的一件事，可以让上级了解到工作的核心。

班组长的工作相对比较繁杂，有关人员、设备、物料、方法等都需要班组长处理。但是，作为班组长，每天一定要集中精力做好一件事。在工作中班组长要学会拒绝，要不断地培育下属，要学会说"我不知道"，以激发员工积极地思考。班组长在工作中可能有50%的时间都是被事情中断或切换导致的，要坚持一次只做一件事，提前做好安排。虽然人可以同时做几件事情，但是注意力每次只能做一件事情。事情大了不一定好。要坚持做好小事，将事情落到具体的实处，当然这些小事必须服从核心的大事。

为了使班组长能够更好地履行每天最重要的一件事，必须将其可视化。通过看板的方式将每天最重要的一件事进行可视化处理，利于上级查看。当上级了解到班组长每天最重要的一件事就是自己所期望的事情时，班组长的上级就会比较安心。

在每天最重要的一件事看板中，有三项标记非常重要：常规事项、突发事项、方针重点。班组长一定要将每一件事情用这三项标记标记出来，确保每天最重要的一件事是最重要且紧急的事情。

常规事项：是指在开展班组长标准作业中，最重要的一件事情。

突发事项：是指班组当天工作中出现的一些异常，必须紧急处理的事情。

方针重点：是指承接公司年度方针分解到每月中必须做的事情，方针重点不一定每天都有，如果有一定是重点工作事项。

每天最重要的一件事情，也是召开晚会进行回顾的主要内容，晚会也需要对每天最重要的一件事情进行回顾，确保能够及时准确地完成。

二、 日报的流程

每天最重要的一件事作为班组长日报的核心内容，必须能体现出班组长在管理班组工作中的重要工作意志。同时，也能承接上级课题突破中的难点。

首先，日报必须通过看板的方式将班组长每天最重要的一件事可视化出来。可视化看板作为上下级沟通，以及现状和目标对比的桥梁。

其次，车间主任作为班组长的上级主管，要在每天巡视班组现场的时候，和班组长沟通每天最重要的一件事，以了解班组长对重要的事情掌握的情况。当班组长每天最重要的一件事偏离轨道时，上级可以及时与班组长沟通，对其纠偏，确保上下级思想和工作重点一致。

最后，每月对每天最重要的一件事进行汇总分析，班组长可以查看自己每天做的最重要的一件事是否偏离当初制定的年度方针，如有偏离应及时进行纠正，使之回归到正常的轨道。

班组长填写每天最重要的一件事作为日报的核心，日常管理工作中班组长的标准作业是日常管理的内容。每天最重要的一件事作为日常管理中最重要的内容，班组长必须特别重视，并且要向上级实时汇报进度，一般情况下，进度可视化，需要每一天中午的时候更新一次，下午下班前再更新一次。可视化也可以作为车间主任对班组长召开会议的一个工具。

第六节 班组的周报管理

一、周报的方式

班组长作为生产现场的一线管理者，经常被误认为是一线员工的代表。班组长不需要填写周报，也不会填写周报，其实，这种观点是错误的。

班组长也需要能力提升，其中一个最好的方式就是周报管理。

班组长通过周报可以梳理出自己工作中存在的问题，也可以作为和上级沟通的工具和桥梁。

班组长的周报主要有4点作用：

（1）提炼总结：工作周报是一个总结提炼的过程，是促进班组长能力提升的一种形式；

（2）上下承接：有利于及时掌握公司经营状况，让领导掌握真实的现场数据；

（3）互相促进：促进各班组长周报，鞭策各班组长积极工作，努力开拓，不断创新；

（4）围绕中心：带动全公司员工围绕公司中心工作，不断奋进，不断创新和进取。

周报的形式有很多，在日常管理人员中，周报多数是以PPT的形式进行汇报展示的。作为班组长，一般情况下，是没有电脑的，班组长的办公地点是车间现场。班组长的周报要用什么形式总结呢？推荐一种非常实用的方式——一页纸的周报。

周报需要将每天最重要的一件事结合起来，同时也要体现班组长的标准作业内容，在班组长每天的管理工作过程中，一定会存在一些异常的问题，这些异常也是需要体现的。

所以，周报的内容班组长要依据实际情况编制。

二、周报的流程

班组属于生产部门，一般情况下，建议生产部门至少每周召开一次生产会议。

首先，在会议中，车间主管（主任）利用PPT的形式汇报生产订单的交期、进度、品质、异常等信息，让所有的班组长都清晰地了解目前的生产状况。

其次，每个班组长用一页纸的方式汇报上周的生产品质异常情况，说明上周中重要的事情。每次开会之前班组长都需要将一页纸的内容发给车间主管，班组长在汇报的时候，车间主管需要用PPT的形式将一页纸的内容展示出来，让所有人都能够看得见。这样，其他班组长可以学习到汇报中的班组长的优势，通过PPT的形式也可以看出汇报的班组长的提炼总结能力，这种形式可以让班组长互相学习。

最后，作为班组长的上级需要对每个班组长的汇报内容进行点评，讲明每个班组长在一页纸周报中的优点和缺点，优点是指出让其他班组长学习的内容，缺点是汇报的班组长需要再次提升的内容。同时，在会议中需要记录上级主管点评的内容，作为下周会议的起点内容，需要将上周待改进的事项进行回顾，这样PDCA循环下去，班组长的提炼总结能力一定会有所提升（图4-9）。

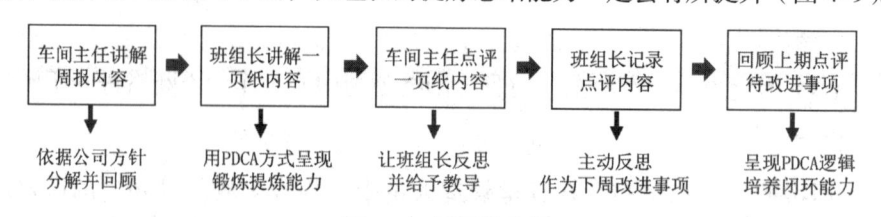

车间主任讲解周报内容	班组长讲解一页纸内容	车间主任点评一页纸内容	班组长记录点评内容	回顾上期点评待改进事项
依据公司方针分解并回顾	用PDCA方式呈现锻炼提炼能力	让班组长反思并给予教导	主动反思作为下周改进事项	呈现PDCA逻辑培养闭环能力

图4-9 周报的流程

第五章
蜕变路径：对屏能操作

对屏能操作：基层班组长在班组长这个岗位上，必须具备让现场的管理要素可视化的能力，通过可视化来发现问题点，进而去改善。所以，这个"屏"指的是管理要素可视化。如果班组长不能够在现场看到正常与否，何谈改善呢？没有改善，何谈能力提升呢？当然，这个"屏幕"也包括日常办公软件的学习，掌握办公软件核心的重点技巧，以便班组长日常总结使用。

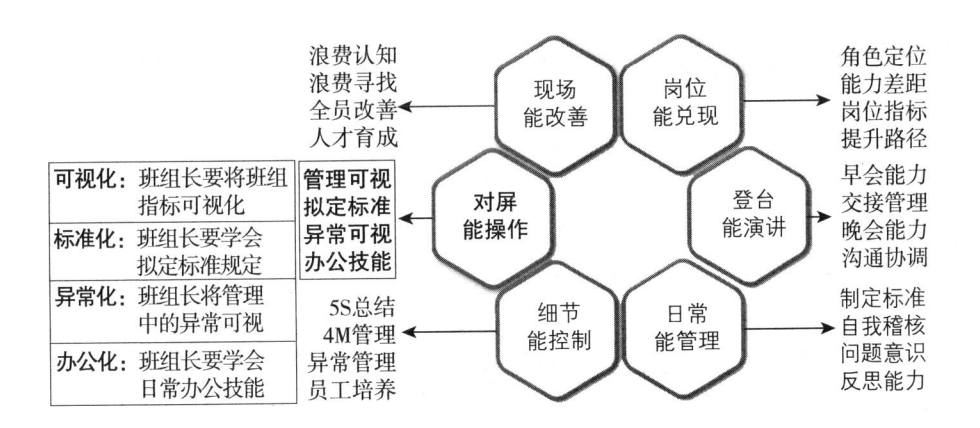

可视化：	班组长要将班组指标可视化
标准化：	班组长要学会拟定标准规定
异常化：	班组长将管理中的异常可视
办公化：	班组长要学会日常办公技能

对屏能操作六边形图：

- 现场能改善：浪费认知、浪费寻找、全员改善、人才育成
- 岗位能兑现：角色定位、能力差距、岗位指标、提升路径
- 登台能演讲：早会能力、交接管理、晚会能力、沟通协调
- 日常能管理：制定标准、自我稽核、问题意识、反思能力
- 细节能控制：5S总结、4M管理、异常管理、员工培养
- 对屏能操作：管理可视、拟定标准、异常可视、办公技能

第一节　班组的精益生产看板

可视化管理就是眼睛看到的管理，一眼看到就可以马上找到问题并做出决策。

可视化原本的目的是人们在各自岗位上设法实施可视化的基础上，磨练人们的"触觉"，培养出对变化敏感的人。在很多公司，可视化绝不仅仅是手法或工具，而是作为对各种事实、问题和异常不加隐瞒、使其显现化来促进问题解决的经营思想。所以说，可视化管理绝不仅仅是一个工具，而是一种经营思想。可视化管理希望使经营在一切方面更多地展示、并且培养有展示意向的人。因此，不应把可视化简单地理解为一种手法，它就是经营思想本身。

通过可视化，显出在生产管理、制造现场中现在应该做什么，从而产生进一步的行动。而如果在不可视的状态下，只是通过暗中摸索就无法判断出应该做什么。将不可视的状态可视出来，并根据三现主义，即：现场（去到现场看事物）、现物（将现物拿到手上确认）、现实（用自己的眼睛看现实）。思考改善方案，判断选择对策方案，从而产生行动（改善）。因此，可视化可以说是触发行动的利器，通过可视化创造了产生行动的契机。然后，通过可视、识别、思考、判断、行动这一连串的连锁反应，问题就会显现出来，成为改善的需求，进而产生改善的行动（图5-1）。

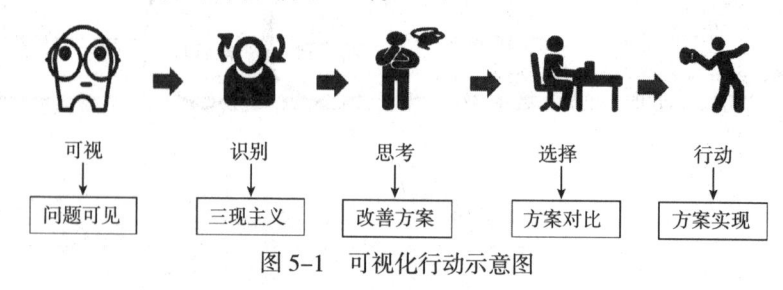

图5-1　可视化行动示意图

通过可视化，在日常改善过程中，人会逐渐改变。以前由于状态情况不可视，所以没有行动，而可视化之后人会想要做点什么，这样价值观就发生了改变。于是产生当事人意识，自觉地想要做些什么，这样意识发生了改变。意识改变就会带动行动改变。这样能培养出很多能够去行动的人，那么就能够实践组织的战略，组织本身也会慢慢改变，成为成果展现出来。

如图 5-2 所示，可视（视觉）管理要符合以下 3 个要点：

（1）无论是谁都能判明是好是坏（异常）。

（2）能迅速判断，精度高。

（3）判断的结果不会因人而异。

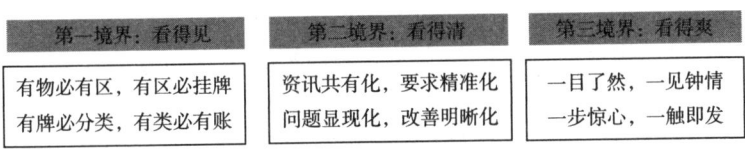

第一境界：看得见	第二境界：看得清	第三境界：看得爽
有物必有区，有区必挂牌 有牌必分类，有类必有账	资讯共有化，要求精准化 问题显现化，改善明晰化	一目了然，一见钟情 一步惊心，一触即发

图 5-2　可视化管理的三个境界

一、精益生产工具的介绍

精益生产工具很多时候被现场人员认为是形式主义，甚至一些管理者认为填写这些管理内容是冗余的工作。在精益理念中，工具是指承接信息的载体，管理人员通过工具达到信息共有的目的。工具所呈现的状态一般包括四点：

第一，工具承接的信息的目标的状态如何。

第二，达成这个目标所需要的各种条件的标准需要靠什么来维持。

第三，如果这些条件以及标准发生了变化，如何快速地发现及管控。

第四，如果生产线发生了变化，无法达成初定的目标和标准，需要怎么解决问题。

管理本身就是一种非常抽象的活动，怎么评价你到底管理没管理，不能单凭他说：今天我工作了，所以我管理了。我们需要看到、听到，甚至是嗅到、触摸到你所有的管理过程,这个时候你就需要用到精益生产工具,精益的管理过程必须是看得见的管理。

看得见的管理应该用5W2H的方式呈现(图5-3),工厂需要在对应的区域设立各种各样的管理看板,让全公司的员工都可以通过这些管理看板得到想要的信息,进而推广这种看得见的管理,避免滋生问题和异常,使团队不会产生管理惰性。

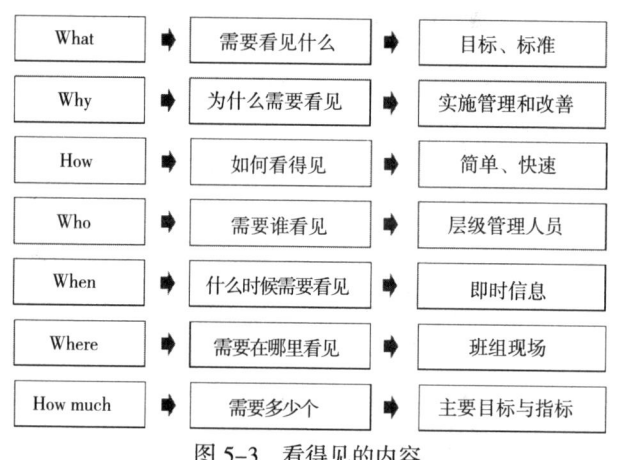

What	需要看见什么	目标、标准
Why	为什么需要看见	实施管理和改善
How	如何看得见	简单、快速
Who	需要谁看见	层级管理人员
When	什么时候需要看见	即时信息
Where	需要在哪里看见	班组现场
How much	需要多少个	主要目标与指标

图5-3 看得见的内容

一条好的精益生产线需要将整理好的信息、异常及时且正确地传递给管理人员,帮助他们掌握生产线的状态,并及时解决问题。

而看不见的管理,则会使人无法及时发现问题,等到发现时就已经很难解决,或者要付出非常高的成本,投入更多的资源和时间。

那么,对于一个现场来讲,第一个看得见的管理的工具是什么呢?是我们信息获取的场地,我们信息获取的场地往往是班组园地这个设置,这些园地包括班组作业人员成员的休息和交流的场所、管理人员和作业人员开展管理工作的场所、班组或者作业人员进行培训和改善思考研讨的场所、班组中各种工作目标和成果进行展示的场所。

这个场所需要保证各种物品时刻完好、清洁和整齐,目视管理板的内容是我们生产线管理过程的各种动态信息,各个生产线的管理者或者班组的管理者,将会进行班组园地的管理。

生产线需要围绕安全、品质、效率、成本、交期、5S 和士气这七个维度的管理，进行 KPI 指标体系的设计，并且将这些 KPI 指标体系的表单组合成表单看板放置于现场，让大家可以随时看到我们的管理动态。

1. 生产管理板

生产管理板也称为小时管理板（图 5-4），班组长和作业者可以清楚地知道每个小时的作业目标，能够帮助班组记录实际与差异的数量，并将原因记录在差异的分析栏，有利于问题的暴露和及时跟进解决；班组长的上级管理人员可以查看班组的问题记录，并及时提出对策，它能够为车间的管理过程提供第一手的数据，并且有效消除各种管理惰性的影响。

班组日常管理绩效看板

款号：		订单数量：		节拍时间：		开款时间：		车间主任：
目标产能/出勤小时：				实到人数/应到人数：		填写日期：		班组长：

时间段	目标产量	实际产量	达成率	质检数量	返工数量	合格率	异常问题
今日汇总							

项目	星期一	星期二	星期三	星期四	星期五	星期六	星期日
目标产量							
实际产量							
达成率							
质检数量							
合格率							
问题点							

图 5-4 班组的生产管理板

2. 行动计划表

行动计划表说明班组中存在的问题点，班组长需要在现场对发生的问题进行及时准确的描述，然后查找发生问题的根本原因，对根本原因分析后展开行动解决问题。在这张表单中，需要注意的是每个行动计划的状态要清晰明了，让所有管理人员都能了解到（图 5-5 及表 5-1）。

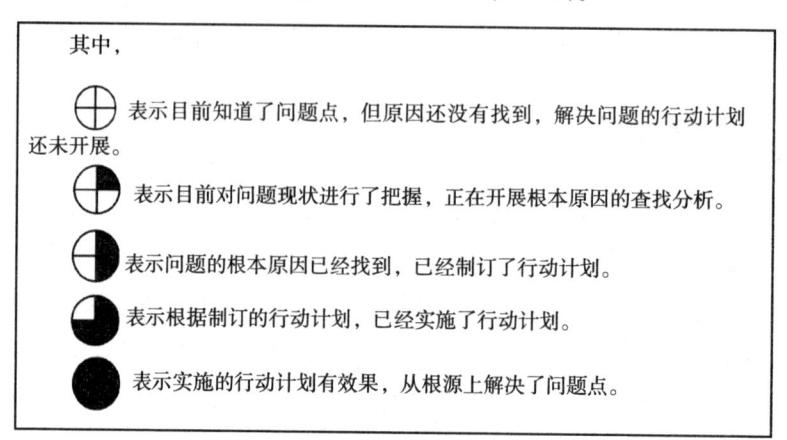

```
其中，
⊕ 表示目前知道了问题点，但原因还没有找到，解决问题的行动计划
    还未开展。
⊕ 表示目前对问题现状进行了把握，正在开展根本原因的查找分析。
⊖ 表示问题的根本原因已经找到，已经制订了行动计划。
◐ 表示根据制订的行动计划，已经实施了行动计划。
● 表示实施的行动计划有效，从根源上解决了问题点。
```

图 5-5　行动计划表参照

表 5-1　行动计划表示例

序号	日期	问题描述	原因分析	行动计划	负责人	完成期限	状态
							⊕
							⊕
							⊕
							⊕
							⊕
							⊕
							⊕
							⊕
							⊕
							⊕

⊕ 无进展　　⊕ 调查中　　⊖ 已制定对策　　◐ 已实施对策　　● 对策实施有效

行动计划表能够展示班组长在现场发现问题、及时解决问题的行为，通过解决现场的问题能够培养班组长解决问题的能力。将行动计划表在现场可视化之后，班组长的上级领导可以对问题解决过程进行指导，行动计划表在指导的过程中起到了信息载体的作用。

3. 计划达成率看板

生产计划达成率是指实际做了多少的百分比。

公式是：

计划达成率=实际生产数量 / 计划生产数 × 100%

第五章 蜕变路径：对屏能操作

计划达成率这个指标设定的目的是让班组能够按照计划部的指令进行作业，而不是班组长按照自己的方式安排计划，以促使班组长加工的产品是紧急出货的产品。

可以为计划达成率设定一个目标线，实际计划达成率完成的指标与目标之间的差距就是问题点（图5-6），班组长需要将问题点写在行动计划表中。同时，生产计划达成率和行动计划表作为班组长与上级交流的工具板，同样起着非常重要的沟通介质的作用。

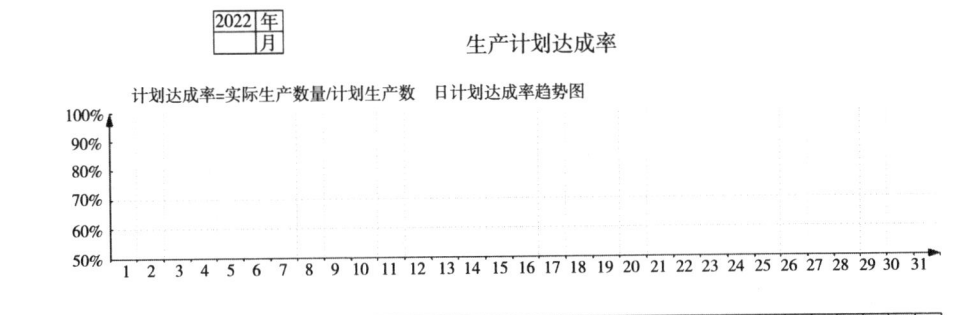

图 5-6　计划达成率看板

4. 班组效率看板

效率是衡量一个班组生产能力强弱的指标。效率 = 产出 / 投入，一般用时间进行比较。

班组是以产能为目标进行生产作业的，一个班组生产能力强弱的表现就是生产效率的高低。所以了解并掌握生产效率的计算方式，并将其可视化，可以做到班组所有人员情报的共有化。作为班组长，必须将目标人均时产在早会的时候告诉每一个人，通过目标共有，让班组的所有员工为其一起努力。在生产过程中，一定会有一些异常产生，这些异常导致班组不能按时完成目标产能，此时班组长需要及时地解决异常。

每天下班时，班组长要总结今天的实际人均时产，实际人均时能就是每个人每小时的产能数量（图 5-7）通过实际人均时产与目标人均时产之间的比较可以看出差异，这些差异点是需要班组长解决的地方，这也是可视化的核心，而可视化是改善的起点。

$$目标产量 = 当天工作时间 \times 3600 / 节拍时间$$
$$= 当天工作时间 \times 3600 \times 班组人数 / 标准工时$$
$$实际人均时产 = 良品产出 / 投产人力 / 投产工时$$
$$目标人均时产 = 3600 / 标准工时$$

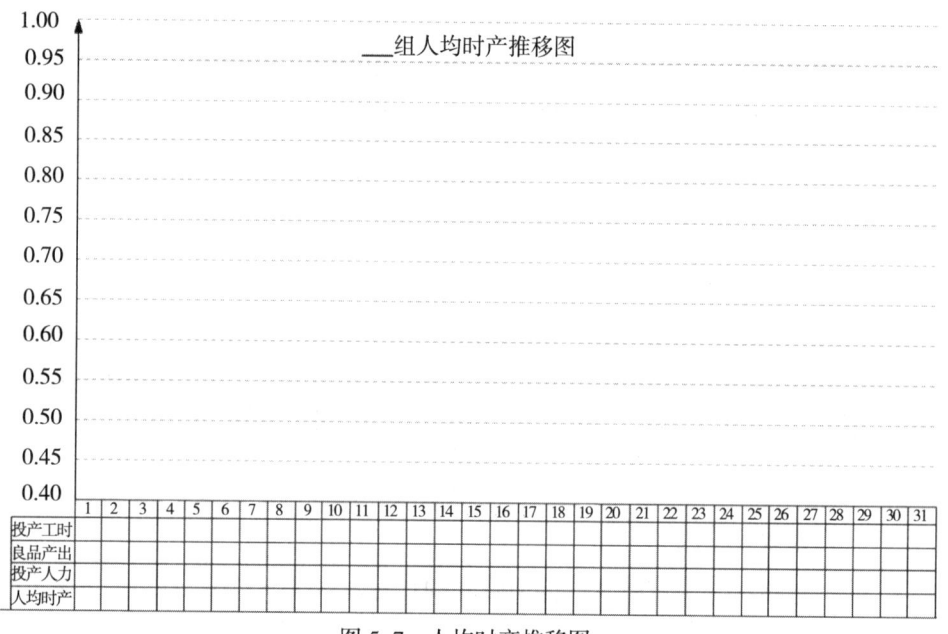

图 5-7 人均时产推移图

5. 班组交期看板

交期对于公司来说是一个非常重要的指标，能够衡量一个公司按照合同履行其合约的能力。对于每个班组来讲，可能每个班组做的产品不一定是成品，不能够包装交货，但是作为精益班组长，必须将自己的工序的产品视作交给客户的产品，也就是说，需要将下一个工序当作客户一样对待，这样班组长可以保证及时、准确地将产品交给下一道工序（图5-8）。

实际按照交货订单数量是指当月实际完成的订单数量。

计划交货生产数量是指依据生产计划班组当月应该完成的订单数量。

月交期达成率是指实际按照交货订单数量/计划交货生产数量。

月交期达成率趋势图

交期达成率=实际按时交货订单数量/计划交货生产数量

日期	1	2	3	4	5	6	7	8	9	10	11	12
实际按照交货订单数量												
计划交货生产数量												
月交期达成率												

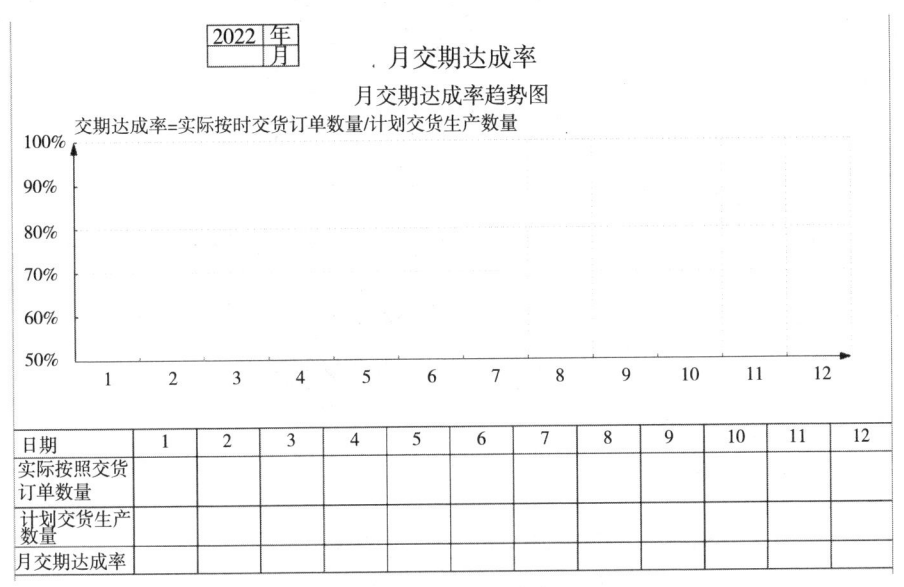

图 5-8　交期达成率

6. 班组安全看板

在第一章中，在班组长的核心指标中说过，安全是所有指标中最重要的指标，一个企业、一个班组，必须把安全放在首位。

针对安全管理，班组长必须亲自带头，亲自督促管理。如何体现安全的可视化呢？

班组长必须把安全的状态显示在班组管理过程中。

班组长可以用 A4 纸打印一个十字格，在上面写上日期，每一个格子需要涂不同的颜色，其中绿色代表当天无事故发生，黄色代表吓一跳事故，红色代表工伤事故，蓝色代表当天休息，没有生产作业（图 5-9）。

通过安全可视化，让班组长在开会中不断宣导安全意识，安全可视化之后往往可以带来不一样的效果。

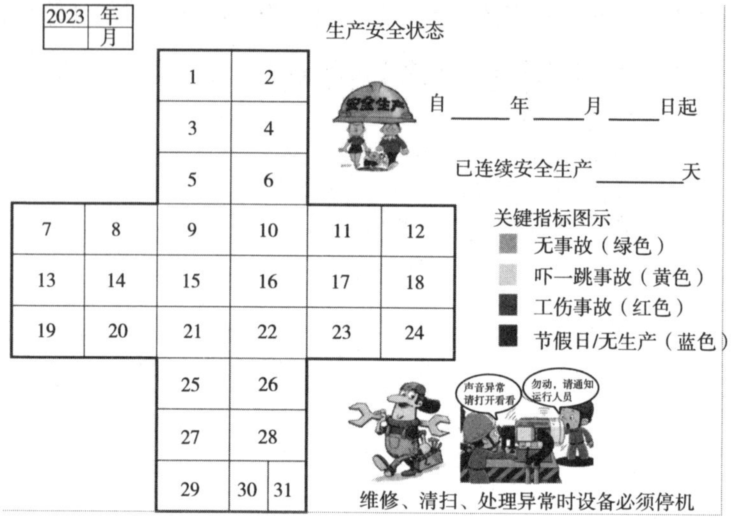

图 5-9　生产安全状态图

二、班组精益生产日常管理看板的应用

对于刚开始没有使用精益道具的班组来说，看板的使用起初会有一些困难，但是有一个看板是必须填写的，这个看板就是班组日常管理绩效看板。这个看板中包括很多精益的词汇，如节拍时间、目标产能、达成率、合格率等（图 5-10）。

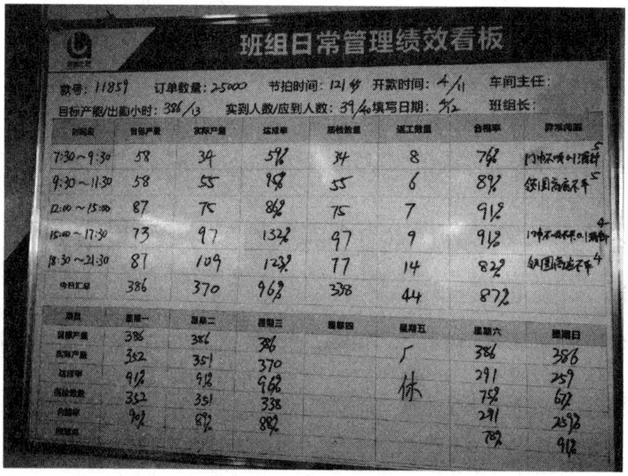

图 5-10　班组日常管理绩效看板

其中纵向上从不同的时间段来看，找效率递进关系，从小时刻度来了解目标达成率，进而在下一个时间刻度内弥补。横向上从小时问题出发，找品质差异，重点寻找合格率的提升，寻找品质前三大问题点。时间上昨天和今天目标产能达成情况对比，找出差异。

第二节　班组的质量管理看板

相同的设备、原材料，不同的企业生产出的产品质量会有天壤之别，其根本在于企业的质量管理体质。质量管理，是一个在细微之处见真功的领域，只有将先进的理念转变为具体的工作方法和管理措施并一以贯之，才能获得根本性的改变。

班组长是工厂中贯彻质量工作方法的最后一个环节，在现场只有班组长作为质量管理人员才能够落实质量的工具、原理、方法。在开展质量管理落地的过程中，把质量落地的这些内容称为质量管理工具。

每个公司都通过将必要的质量管理项目转换成对应的工具，构建一个正常、异常容易区分的车间来实现对于生产车间的维持、管理以及改善，进而促进公司产品质量的整体提升。

一、质量看板的应用

在落实质量道具的过程中，呈现更多的是看板。通过看板这一介质来对质量进行管理。具体来讲，质量管理道具可以分为6类：

1. 质量检验台

质量检验台是指将经过质量检验的样品实物放置一定时间的检验台（图5-11）。作为良品保障的证据，暂置台有力地表现了监督人员在实行质量检验过程中对于样品实物的确认情况，当后工序发生不良时，样品实物的保存有利于进行不合格的要因分析与范围特定，以防万一。

图 5-11 质量检验台

检验规程张贴处
首件、定期、末件待检产品放置处
检具放置处
不合格品溜槽
检验记录文件夹放置

操作规则如下：

每班上班后，员工将自检的第一件合格品放入检验台，上班后每小时放一件员工自检合格的产品，出现异常，需将恢复正常后的第一件合格品放入检验台。每件产品，需经过线长、巡检员检验，并做合格标识，如发现不合格及时停止生产，并将之前所生产的产品追溯，把不良品进行隔离。

2.不良品箱

当班组在生产过程中出现不良品时，将不良品进行分类，分别放置在不良品箱中不同的箱子里（图 5-12）。

图 5-12 不良品箱

操作规则如下：

班组长在当班工作结束后，将不良品溜槽上的产品进行分类，并把不良品交给品质人员进行分析，把不良信息记录到当天的报表上（不良品推移），把可返修与报废的产品严格分开。

3. 不良品管理板

不良品管理板（图5-13）叫作不良品的曝光台，或者叫作不良品的展示台。不良品管理板展示了产品经常出现的质量问题，针对该质量问题应该采取的防止再发的对策。用这块看板对操作本工序的员工进行培训，以防止同样的质量问题再次出现。

图5-13　不良品管理板

操作规则如下：

班组长整理出经常做的产品的不良问题点，收集相应的不良照片，将不良的现象分别用文字和图片对描述出来，同时写好防止再发的对策内容，在早会中对员工进行培训。

4. 质量教育台

质量教育台（图5-14）放置产品生产过程中多次出现的不良零部件、成品，起到不良展示作用，让员工能够清楚地看到生产过程中经常出现的不良，为杜绝同一问题再次出现起到预防作用。

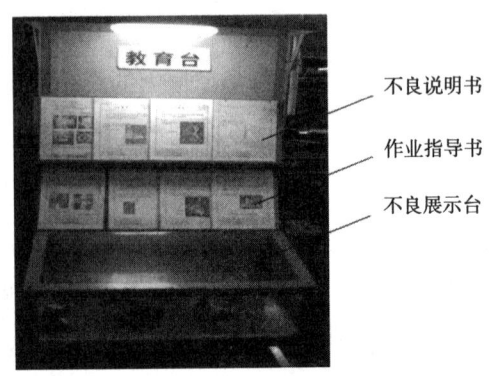

图 5-14　质量教育台

操作规则如下：

每天下班前，将今天最多出现的不良产品放置在教育台，在生产过程中出现同一问题的批量产品放置在教育台。每天早会、下午会议召开时，向员工展示不良产品，说明如何杜绝再次发生。当出现大批量不良时，需要立即召开会议告知员工如何杜绝再次发生。

5. 巡检推车

巡检推车（图 5-15）将生产或采购的产品及时检验，及时发现不良，防止不良品流到下工序，保证产品质量按照常规检验要求配备检验规范、图纸、检验工具及产品的标准样件。

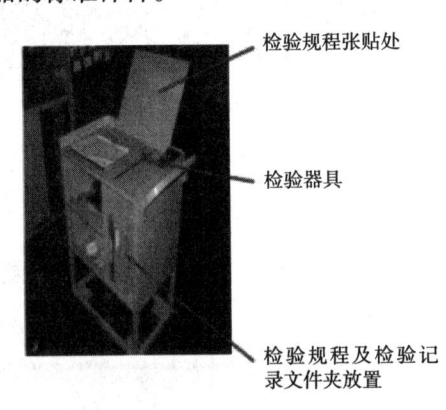

图 5-15　巡检推车

操作规则如下：

质量部人员安排巡检人员对相应负责的区域进行巡检作业，要求流动检验，自配检具、量具，以免打扰生产线的正常作业。这种方式适用于生产线上小部件巡检，检验灵活方便，节省检验时间，提高效率，制作成本较低。大型检具、量具无法放置，检验无法实现。

二、班组质量管理看板的落实

日常质量管理包括日常的检查工作、定期的巡检工作、作业条件的把握、日常质量会议的召开、质量异常分析解决等；变化点管理就是基于生产工序中的生产要素（人、设备、材料、工序变更）所发生的变化，会使制造品质发生变化的认识，把这些变更、变化发生的时刻叫作变化点，变化点分为日常管理项目和突发管理项目。

班组长需要按照制定的标准作业进行作业，通过看板发现质量问题开展日常质量管理活动，对人、机、料、法四要素发生变化之后开展变化点管理（图5-16）。

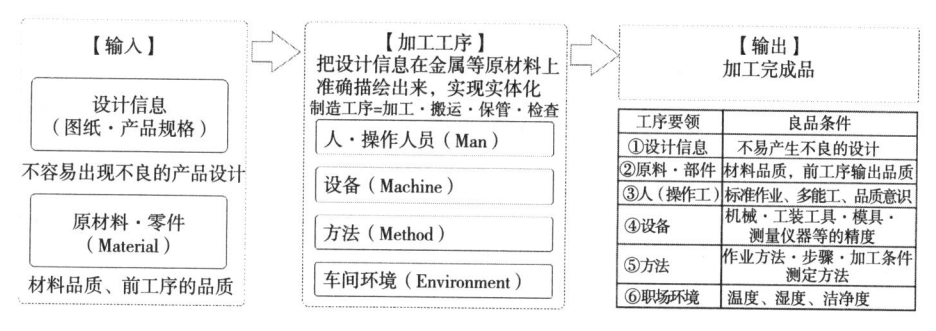

【输入】	【加工工序】	【输出】
设计信息（图纸·产品规格） 不容易出现不良的产品设计 原材料·零件（Material） 材料品质、前工序的品质	把设计信息在金属等原材料上准确描绘出来，实现实体化 制造工序=加工·搬运·保管·检查 人·操作人员（Man） 设备（Machine） 方法（Method） 车间环境（Environment）	加工完成品

工序要领	良品条件
①设计信息	不易产生不良的设计
②原料·部件	材料品质，前工序输出品质
③人（操作工）	标准作业、多能工、品质意识
④设备	机械·工装工具·模具·测量仪器等的精度
⑤方法	作业方法·步骤·加工条件测定方法
⑥职场环境	温度、湿度、洁净度

图5-16 加工工序的构成要素和良品条件

第三节 班组的异常管理看板

一、班组的异常说明

异常的发生不可避免，为了对异常进行更好地管控，首先，班组长需要发现异常，班组是面临生产一线中出现问题最多的场地。班组长必须告知员工，让员工主动发现异常并且将异常进行可视化。在班组中，可怕的不是问题的发生，而是班组中明知有问题，但不把问题当作问题。

在精益班组系统中，要教导班组学会一个子系统，就是安东系统，安东系统是对班组出现问题时及时进行解决的一种管理方式。

二、安东系统的介绍

安东系统是一种以亮灯的方式，用可视化进行分析，提醒功能异常变化情况的发生。安东系统是在日常生产管理中，因为产品生产线存在异常的发生，问题不能及时处理，研发的拉绳式报警控制系统，就像消防员救火一样，发现自己岗位设置一处灯出现了异常以及颜色变化，就马上开始进行数据处理（图5-17）。

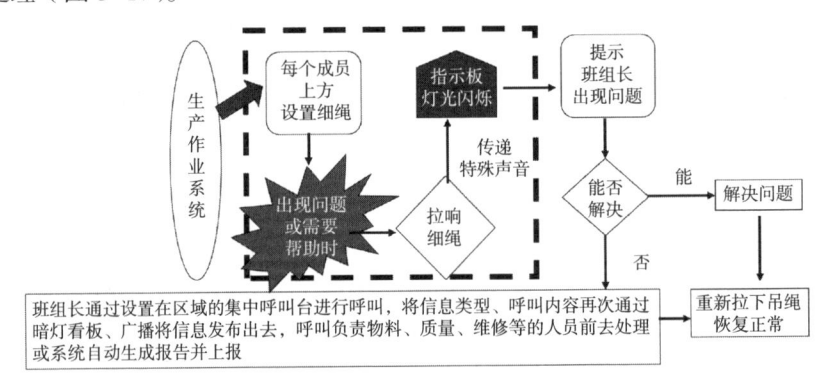

图5-17 安东系统运作模型

安东系统已成为制造执行系统中的一个模块。它的意义不言而喻。它正在改变和适应当前的生产环境和需要。

安东（ANDON）系统是一种可视的、可传递声音的沟通系统，能显示异常发生，它将生产线上开关和生产线上（或管理人员附近）的灯相连，在生产线需要其他人员帮助时，作业者按动开关通知有关人员。它是用来帮助生产班组提高产品质量和作业效率的工具。

一般情况下，红色灯（呼叫线长）：在生产中发生质量异常或设备异常时按红色按钮，红色灯亮的时候表示呼叫线长。

黄色灯（呼叫检验）：当作业者或生产线负责人认为生产线出现了质量异常的现象而自己又无法进行判断需要检验人员调查原因或判断时按黄色按钮，呼叫检验人员。当出现换模换型、停电或设备故障修复后需迅速检测生产首件时按黄色按钮，黄色灯亮的时候表示呼叫检验。

白色灯（呼叫保全）：在生产过程中设备或者模具发生异常，需要设备/模具保全人员协助时按白色按钮，白色灯亮的时候表示呼叫保全。

绿色灯（呼叫搬运）：为了补充材料、零件，将用完的空箱及时从溜槽滑下，最小批量的搬运，防止生产线停线，按绿色按钮，绿色灯亮的时候表示呼叫搬运。

在实施安东管理的过程中有两大工具：目视管理+定位停止。

目视管理就是将问题可视化出来，让班组长能够清晰地看到出现了什么问题。

定位停止就是在停止的位置是否可以解决问题，若不能解决问题，必须升级问题，让比班组长更高级别的人来解决问题（图5-18）。

图5-18 定位停止

安东的作用：

（1）识别问题：现场的监督人员必须知道目前的作业状况是否顺利。

（2）把握现状：监督人员必须尽快把握现场的异常或问题，并使之正常。

（3）问题类别：监督人员能知道在现场所发生的异常或问题。

（4）目视管理：有了安东，就可把发生在现场的异常或问题加以明示。

三、安东系统的应用

实施安东制度的意义：授权给作业员，使作业员建立起"质量至上"的理念。一般在班组生产过程中，凡是在生产线上各作业工序的人由于生病身体不适或其他原因一定要离线、设备故障或发现容易造成质量隐患的问题、材料和产品不良等出现异常，皆视为安东问题。

（1）当作业员发现安东问题时，要按下安东开关。

（2）组长发现显示灯亮时，要马上赶到安东问题发生地点，了解实际状况。

（3）组长根据实际情况，确定相应解决办法。

（4）安东问题解决后，作业员或相关人员要关闭安东开关。

（5）安东问题发生后，该作业员要找时间将问题记录下来，并确认解决状况。

第四节 班组的数字化系统

一、数字化的理解

信息是关于企业线上的一切数据，比如生产过程中的产品信息。数据是有可用价值的信息，全面的信息。

数据最重要！因为数据的质量能决定你的效率能提高多少！那么我们再想，数据决定效率，那么数据不就是生产力吗？正因为在当下时代，数据成了提高效率、降低成本的最重要资源。所以第四次工业革命才叫作"数字化信息革命"。核心点在于数字化，在于数字化能提高效率，降低成本，提高生产力。

企业数字化转型的核心是：把企业能涉及的各个环节信息化，然后通过分析信息化收集的数据进行效率的提升。

企业生产的数字化转型是利用互联网、物联网、大数据、人工智能等数字技术来对企业产品设计、生产、制造、作业等领域的各个流程、环节和功能模块进行全面的改造和重塑，进而实现生产制造全价值链的网联化、数据化和智能化。数字化生产是企业生产领域数字化转型的目的和成果。实现数字化生产的关键是以数据来驱动产品设计、工艺规划、制造工程、生产执行以及售后服务，其生产过程高度可视化和透明化，数据分析应用实时在线和协同化，系统迭代具有可持续升级的特点。首先，是全车间数据的透明化，人员、设备状态、订单进度等一系列数据可以实时准确调用与可视化呈现。其次，在车间的人员配置、设备的启停可以根据高级排产功能，提前在计算机环境中模拟仿真，得到最优化的配置指导生产，以实现人员设备的最高利用率，在这个过程中最显而易见的是用系统和数据来监控各个生产过程的KPI，省去各种烦琐且易出错的人工监控。

二、数字化与精益的关系

1. 精益管理是数字化转型的基础

精益改善的本质就是将一条湿毛巾不断拧干的过程，那些被挤出来的"水分"就是各种浪费，也是企业提质、降本、增效的空间。通过精益管理来提升整个制造系统的精干程度，得到业务流程的最佳实践方式，然后用IT的手段把这些最佳实践固化到系统中，从而获得稳定且可持续的高质量输出，为今后的持续改进提供坚实基础，最终实现精益成效的最大化。

反之，在没有进行精益化改造的前提下，直接使用昂贵的信息化和数字化系统，相当于把包含大量浪费的问题流程和作业以软件方式固化下来，不仅不能消除原有的浪费，反而还造成更大的浪费，丧失了管理改善的机会。

2. 数字化助力精益管理持续升级

在数字化转型的大背景下，精益管理方法也在不断"升级"，可以利用数字化工具持续优化，包括标准化、可视化。

这一点，中国的许多头部企业已起到了身先士卒的作用。部分中国企业能将对企业经营有帮助的精益管理引进来，同时能发挥企业的优势在数字化方面加大投入，建立起了更现代化、数字化的业务运行状态，更大程度地提高经营效率及经营质量。

可以这样说，精益和数字化是一个制造企业的一体两翼，只有企业将精益化与数字化相结合，才能获得真正的竞争力。未来的市场竞争中，精益化是企业的必由之路，同时也需要数字化进行赋能。

企业要实现数字化管理，一定要在精益管理流程上进行，才可以获得更大的价值和收益。因为精益思想和方法会快速地使传统制造企业在存量上降本增效，在增量上扩大市场的竞争和份额；而数字化技术可以使精益的成果即时固化和标准化，让精益的改善形成机制并量化且可持续。

从实践工具来看，需要利用5G、AI等数字技术激发精益的潜力，以"数字化的精益"，实现企业经营管理方式的升级再造。精益数字化加速了企业智能化转型步伐，有望成为未来智能制造发展的新方向之一。

三、班组如何导入数字化管理

制造型企业是由班组生产组成的，如果一家企业要导入数字化管理，那么班组一定要导入数字化生产。

从企业自身的角度出发，人才瓶颈无疑是当下最大的困惑，尤其是班组长这个集"兵头将尾"于一身的人才群体的稀缺，更是严重制约了制造型企业数字化转型升级速度。培训周期长、管理效率低、员工稳定性差、学习意愿弱等班组管理中长期存在的痛点，导致企业付出了大量的成本但依然收效甚微。

企业最基层的组织单位就是班组，传统的方法是逐级渐进式管理，纵向沟通差，横向沟通差，反馈效率低，运行效果难以线性评估，时至今日已成为企业精细发展的桎梏。数字化管理最大的优势就是横向和纵向的沟通能力强，各层级单位联动效果好，线性管理持续性长久，能够弥补传统管理方式的不足。数字化班组建设是企业信息化发展的重要子步骤，通过引入数字化的管理手段，在基层管理精细化方面，产生质的飞跃，契合企业数字化、信息化、智能化的发展战略。

班组数字化转型可以遵循以下六个步骤：

步骤一：现状测评。

每个班组都有不同的现状水平，针对不同的班组需要制定不同的测评标准，这个标准的核心内容就是质量、成本、安全、交期、效率、士气。将这六个方面的内容做成一个测评的标准表，通过这个标准表测定班组的现状管理水平。得知班组在这六个方面的分值，作为后续学习与实践的起点。

步骤二：理论学习。

接下来，就需要对不同的班组开展不同的理论知识的学习，比如 A 班组效率比较低，那么 A 班组成员需要学习关于提升效率的课程内容，弥补提升效率的知识内容。在理论学习完成之后，需要对班组长进行知识问答和网上测试，通过测试了解班组长是否掌握了效率提升方面的核心知识。

步骤三：现场实践。

现场实践是要将学习到的知识内容转化为技能，通过在现场开展课题实践活动，让班组长掌握效率提升的方法、质量提升的技能、环境改善的本领。通过开展这样的活动，班组长会深信学习到的知识内容是有用的，而不是空空的理论。所以，教导班组长将知识转化为技能，通过课题展示技能，让班组长技能体现在班组的指标中。

步骤四：可视成果。

班组长将学习到的知识内容，通过现场实践转化为技能，从而让班组的绩效得到提升，班组长通过这些活动，能够掌握一些指标的因果逻辑关系，即通过做什么事情可以导致哪些指标的提升或者降低。班组的重要指标无非是 Q、C、D，班组长需要将这些指标内容进行可视化，可视化的目的主要有三个：一是一定要真实地反馈出问题，二是一定要有面对问题的勇气，三是一定要有解决问题的意志。透过班组指标可视化，可以让班组全员深知班组的核心指标内容，知道面对问题是全体成员的责任，达成问题共识的目的。

步骤五：精益固化。

精益是帮助班组剔除浪费的活动，班组长将核心指标可视化后，班组长后续做的工作都必须和这些核心的指标相关联，也就是说，班组长必须做有价值的事情。这些事情的价值与班组的核心指标有关。核心的精益活动包括日行的早会、异常停线、班组指标可视化、全员改善活动、指标课题活动、5S改善活动等。班组长需要将这些精益活动日常化，透过日常化的精益活动，可以让班组长更加相信精益能帮助班组实现指标的改善和管理能力的提升。在这一步骤中，梳理班组的指标、可视化班组长的日常活动是非常重要的。这些精益活动内容事关后续数字化系统或者软件的实施。

步骤六：系统僵化。

在精益固化步骤中，将班组长的核心指标和精益活动进行固化之后，接下来就需要对这些指标进行系统设计，透过系统的实施可以将班组的精益指标更好地固化，让班组长专心做有价值的事情。也可以将精益活动进行系统化，比如5S活动、改善活动、班组长的标准作业等，通过数字化这些活动内容，将内容固定在系统中，可以加强班组长的标准作业。标准作业的实施又反哺了精益活动的开展。前期的指标可视化和精益固化是非常重要的两个环节，完成这两个环节之后，再进行班组的数字化实施，这样会顺利很多。

第五节　班组长的办公技能

一、班组长Excel的核心学习重点

Excel软件作为表格处理的核心软件，职场中的每一个人几乎都需要学习。班组长需要学习Excel的哪些功能和操作呢？有些人说班组长经常工作在现场，不需要操作电脑，所以不需要学习Excel知识。班组长不是

一辈子都做班组长的。日常办公所用的软件是每一个职场人士都必须会的技能。

作为班组长，日常使用的表单是必须学会制作的，比如生产日报表（表5-2）、质量报表（表5-3）、5S检查表（表5-4）、员工的考勤表（表5-5）、异常反馈表（表5-6）。

这些表单结构和内容很简单，但是每一个表单的设计都能够反映一个班组长的管理思路，真正能够承接管理思路的也恰恰是这些表单，表单在流转过程中呈现的信息是否及时、是否是下一个工序所需要的信息，这都是需要班组长思考的。班组长思考的方式决定了这些表单呈现的方式，表单流转终结的站点体现的是管理思路的完结与价值的体现。

表5-2 生产日报表

序号	机台	品名	品号	订单量	原料到位状况	今日计划产量	累计生产量	欠缺数量	计划完成日	备注
1										
2										
3										
4										
5										
6										
7										
8										
9										
10										
11										
12										
13										

制表： 审核：

表 5-3 质量报表
5月份第4周 车间制程质量统计表

日期	订单号	产品名称/规格	线别	检验员	全检数	合格数	不良数	一次交检合格率	不良率	功能不良-整灯不亮	功能不良-小灯不亮	功能不良-高压报警	功能不良-功率高	功能不良-功率低	功能不良-其他	外观-镜片外观问题	外观-装配不良	外观-电源线问题	外观-划痕	外观-其他	料废明细	备注
5.24-5.29	095-04	2015	装配一线		350	342	8	97.71%	2.29%	1										4		3
	095-04	2015			400	384	16	96.00%	4.00%	2										5		9
	095-04	2015			550	535	15	97.27%	2.73%	3								1	2	4		6
	095-04	2015			250	220	30	88.00%	12.00%	3					2			1	4	10		10
	102-04	2012A			450	426	25	94.67%	5.33%	1					3			2	8	11		
累计值					2000	1907	94	95.35%	4.65%	10 (10.64%)	0 (0.00%)	0 (0.00%)	0 (0.00%)	0 (0.00%)	5 (5.32%)	31 (32.98%)	0 (0.00%)	1 (1.06%)	8 (8.51%)	39 (41.49%)	0 (0.00%)	0 (0.00%)

表 5-4 5S 检查表

序号	改善项目	检查标准	序号	改善项目	检查标准
1	地面、通道、墙壁	1. 通道顺畅无物品 2. 通道标识规范，划分清楚 3. 地面无纸屑、产品、油污、积尘 4. 物品摆放不超出定位线 5. 墙壁无手、脚印，无乱涂乱划及蜘蛛网	5	人员	4. 工作认真专心、不闲谈、不急慢、不打瞌睡 5. 生产时戴手套或防护安全工具操作
2	作业现场	1. 现场标识规范，区域划分清楚 2. 机器清扫干净，配备工具摆放整齐 3. 物料置放于指定标识区域 4. 及时收集整理现场剩余物料并放于指定位置 5. 生产过程中物品有明确状态标识	6	安全与消防设施	1. 消防器材随时保持使用状态，并标识明显 2. 定期检验维护，专人负责管理 3. 灭火器材前方无障碍物 4. 危险场所有警告标识
3	料区	1. 物料摆放整齐规范有序 2. 合格品与不合格品区分，且有标识	7	清扫	1. 每日下班前组织区域卫生清扫 2. 每周三下班前对区域内卫生清扫并做通道清洗 每周六进行一次大扫除、设备、地面做彻底清扫
4	机器、设备配备、工具	1. 常用的配备工具集放于工具箱内 2. 机器设备零件擦拭干净并按时点检与保养 3. 现场不常用的配备工具应固定存放并标识 4. 机台上无杂物、无锈蚀等			检查说明 1. 每日按以上项目检查，每日检查问题制作整改通知单并于下班前下发车间
5	人员	1. 穿着规定厂服，保持仪容清爽 2. 按规定作业程序、标准作业 3. 谈吐礼貌			2. 清扫项没有开展的每日按 2 个、每周三按 5 个、每周六按 10 个问题点统计记录 3. 每日稽核需车间各区域负责人及副组长共同参加

表 5-5 员工的考勤表

起止日期：　　　　　　　　　　　　　　　　　　组别：

序号	姓名	周日			周一			周二			周三			周四			周五			周六		
		上午	下午	晚上	上午	下午	晚上	上午	下午	晚上	上午	下午	晚上	上午	下午	晚上	上午	下午	晚上	上午	下午	晚上
1																						
2																						
3																						
4																						
5																						
6																						
7																						
8																						
9																						
10																						
11																						
12																						
13																						

备注：正常上班人员打√，非正常打×，且必须在相应栏填写异常原因（例如矿工、调动、迟到、早退、前一天加班等）

表 5-6 异常反馈表

货号	异常	部门	处理意见	日期

二、班组长 Word 的核心学习重点

Word 软件作为日常办公最常用的一个工具，很多班组长都会使用。班组长通过 Word 软件可以提升什么呢？在日常工作中，班组长经常用 Word 来编辑一份通知（图 5-19），比如放假通知或者处罚告示书。一般的班组长将 Word 软件作为日常通知打印软件来使用。当然，这是其中的一项功能，作为班组长来讲必须有总结的能力，总结能力最好用 Word 来体现，用 Word 展示自己的总结思路，写出来的内容和在脑海中想出来的思路是不一样的。所以说用 Word 敲出自己的工作总结，日复一日，班组长的总结能力一定能够提升。精益班组长的早会总结、晚会总结，都可以用 Word 将总结的内容全部打印出来，打印出来的内容还会再次强化班组长的管理思路。

录用通知书

_____先生/小姐：

您应聘本公司_____职位，经面试合格，恭喜您成为本公司的一员。
请您于___月___日_____时携带下列证件和物品到本公司报到：
A.身份证（   ）；
B.毕业证书（   ）；
C.学位证书（   ）；
D.职称资格证书（   ）；
E.其他_____。

本公司规定新进员工须试用_____个月，试用合格后转为正式员工。预祝您在本公司工作愉快。
　　此致
敬礼！

公司
人力资源部
年　月　日

地址：
电话：

说明：人事部门及用人部门做好报到准备工作。

图 5-19　录用通知书

三、班组长 PPT 的核心学习重点

PPT 软件对于班组长来说并不陌生，因为很多班组长听课的时候，讲课的老师都是用 PPT 来展示的。很多班组长认为 PPT 离自己很远，日常工作中根本不需要使用 PPT 软件。其实这是错误的，笔者在辅导工厂的过程中，辅导过很多班组长和车间主任学习 PPT 软件，通过 PPT 技能可以让他们展示自己的管理思路和现场管理水平，并在每周的会议中播放给班组的全员。所谓文不如表，表不如图，能够看到的就不要让他们选择听到。视觉化管理思路可以加深人们的印象。

PPT 其实可以从侧面反映班组长的逻辑、整理和表达能力，并反映一个人的工作态度。所以，班组长必须学会使用 PPT 来总结每周的工作内容，这些工作内容包括生产效率、班组品质、现场 5S、生产异常问题等，通过数据化生产内容、图片化现场 5S，让这些内容能够实现全员共享。

第六章
蜕变路径：现场能改善

现场能改善：基层班组长在班组长这个岗位上，必须具备识别浪费的能力，进而对浪费进行持续改善。一个精益的班组长绝对不会对现状感到满足，精益班组长经常做的事情就是识别浪费、寻找浪费，不断地进行改善，不仅自己进行改善，而且要发动班组全员的力量进行改善，只有班组全员发挥自己的智慧进行改善，才能成为卓越的班组、金牌的班组、精益的班组。

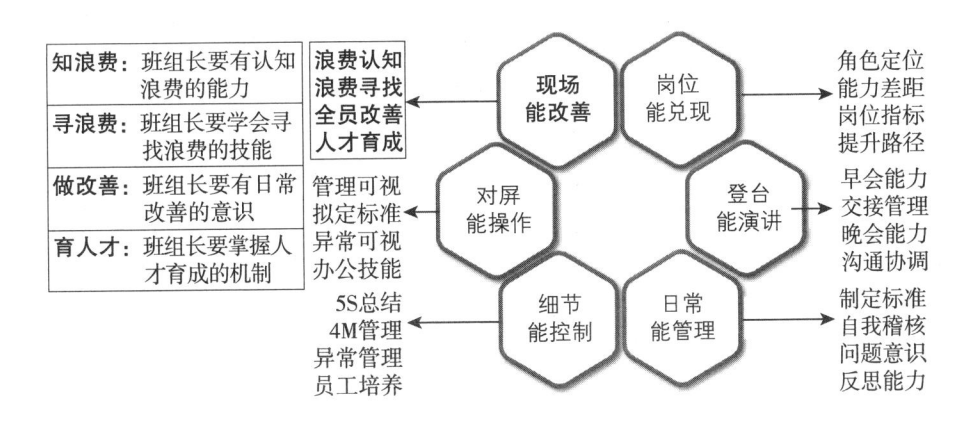

知浪费：	班组长要有认知浪费的能力
寻浪费：	班组长要学会寻找浪费的技能
做改善：	班组长要有日常改善的意识
育人才：	班组长要掌握人才育成的机制

浪费认知
浪费寻找
全员改善
人才育成

现场能改善

岗位能兑现 → 角色定位 / 能力差距 / 岗位指标 / 提升路径

登台能演讲 → 早会能力 / 交接管理 / 晚会能力 / 沟通协调

日常能管理 → 制定标准 / 自我稽核 / 问题意识 / 反思能力

细节能控制 ← 5S总结 / 4M管理 / 异常管理 / 员工培养

对屏能操作 ← 管理可视 / 拟定标准 / 异常可视 / 办公技能

第一节 精益的初步认知

一、精益的核心

精益生产方式的优越性不仅体现在生产制造系统中，同样也体现在产品开发、协作配套、营销网络以及经营管理等各个方面，它是当前工业界最佳的生产组织体系和方式，也必将成为21世纪标准的全球生产体系。精益的核心就是消除浪费，在生产过程中，存在很多浪费，精益生产管理思想的最终目标必然是企业利润最大化。但是管理中的具体目标，则是通过消灭生产中的一切浪费来实现成本最低化。

精益生产秉持的理念承袭了 TPS 的五大要素：寻找价值、认识价值流、作业流动、需求拉动、追求完美（图6-1）。同时鼓励找出问题，应用 PDCA 的科学方法解决问题，并持续改进。

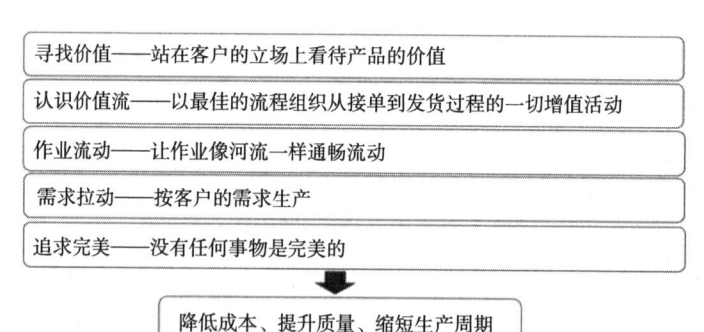

> 寻找价值——站在客户的立场上看待产品的价值
>
> 认识价值流——以最佳的流程组织从接单到发货过程的一切增值活动
>
> 作业流动——让作业像河流一样通畅流动
>
> 需求拉动——按客户的需求生产
>
> 追求完美——没有任何事物是完美的
>
> ↓
>
> 降低成本、提升质量、缩短生产周期

图6-1 TPS 的五大要素

精益生产方式的基本思想可以用一句话来概括，即：Just in Time（JIT），翻译为中文是"旨在需要的时候，按需要的量，生产所需的产品"，实现七个零，即零切换、零库存、零物耗、零不良、零故障、零停滞、零灾害。其中精益的四项原则和十四项基本原则，如图 6-2 所示。

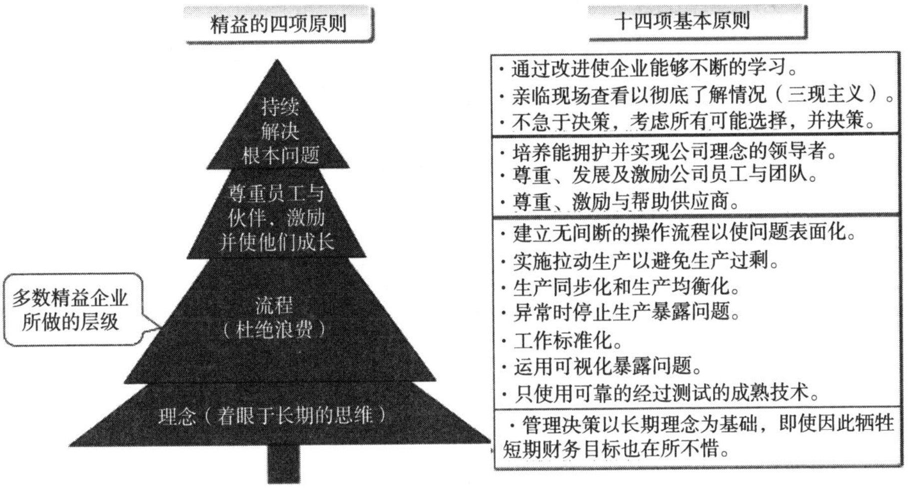

图 6-2 精益的四项原则和十四项基本原则

原则 1：理念（着眼于长期的思维）

这条原则是指管理决策以长期理念为基础，即使因此牺牲短期财务目标也在所不惜。

每一个企业成立的目的是能够持续盈利，并且为社会创造价值，所以，很多企业在做一些变革的过程中，一定要以长远的目的为初衷。作为精益班组长来讲，一定要遵守公司的长期理念，企业在精益变革过程中，会牺牲一些短期的利益以达到企业长期发展的目的。比如：企业需要班组长的能力得到提升，就必须利用一些下班或者周末的时间对班组长进行培训，因为企业非常明确地知道班组长的能力是决定企业能否长远的根本原因之一。从另一个层面来讲，作为精益班组长，必须掌握一些先进的精益生产理论知识和实操工具，以应对企业变革过程中的发展。

原则 2：流程（杜绝浪费）

这条原则包括 7 条内容：建立无间断的流程使问题表面化、实施拉动生产以避免生产过剩、生产同步化和生产均衡化、异常时停止生产和暴露问题、工作标准化、运用可视化暴露问题、只使用可靠的经过测试的成熟技术。

1. 建立无间断的流程使问题表面化

无间断流程如图 6-3 所示。当班组以批量进行作业时，出现品质问题若不能及时地发现，到最后发现的时候往往时机过晚，已经出现大批量不良产品。当出现设备故障时，班组长会有一种心理状态，目前还有一些工序堆积的产品可以做，所以设备不需要及时维修。当人员发生变动时，班组长会想着目前组内已经堆积了一些产品，所以人员离开半个小时应该没有关系。当班组长都这么想的时候，员工也会这么想。批量造成问题不能够及时地发现，出现很多问题的时候采取临时措施，不能够从根源上解决问题。

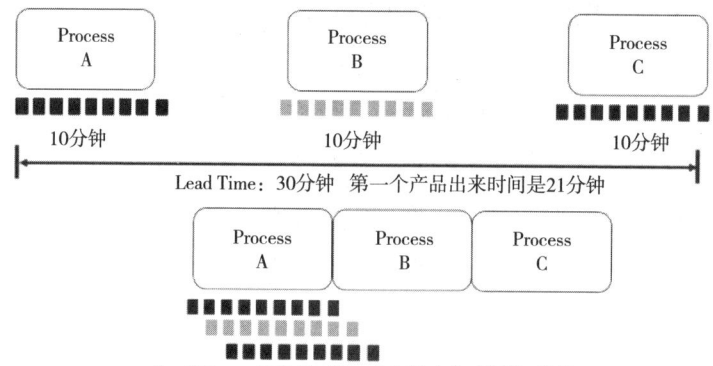

图 6-3 无间断流程示例

精益班组长具有精益的思想，会从单件流的角度来安排产品进行生产。单件流动：以一人一台的"手送"方式为主的单件流动生产线。做一个、传递一个、检查一个，将制品经过各加工工序而做成完成品（图 6-4）。

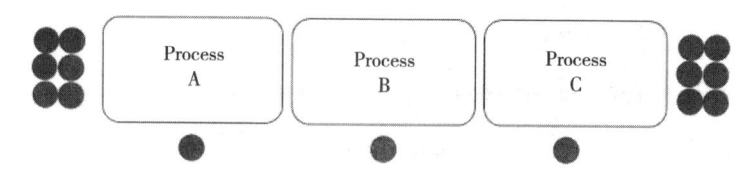

图 6-4 单件流示意图

单件流动是将浪费"显现化"的思想与技术，在原有状况的基础上以单件流动方式试做，将批量生产时发现不了的浪费显示出来，以此作为改善及建立流线化生产的起点。

2. 实施拉动生产以避免生产过剩

拉动生产意味着按照顾客需求的数量、需求的时间、需求的产品提供给顾客，这个需求指的是外部顾客和内部顾问（下道工序）。拉动生产能够杜绝班组生产过剩，班组应该按照需求进行生产，要求每道工序都按照需求的量进行生产作业。传统的生产作业方式是以局部（单一工序）效率最大化为基础，然后班组对效率高的工序进行奖励；精益思维要求生产建立流程化产线，按照工艺的流程进行布局，合理安排工序，设置节拍，实施单件流，后道工序需求数量适配，前道工序制作数量适视，不过早生产也不过剩生产。

3. 生产同步化和生产均衡化

顾客的需求是难以预测的，顾客订单的变化是随时的，面对外部顾客信息的变化，生产不均衡，员工和设备忙闲不均，必须以最高可能的顾客订单量为准而储备材料与零部件，这是很多企业最传统的做法。生产均衡化要求物流的运动与市场需求同步；只有实现均衡化，才能大大减少以至消除原材料、外购件、在制品及成品库存。

精益班组长的做法是平均分配每一道工序的时间，尽可能让每一道工序的时间与节拍时间一致，按照客户的需求进行生产，而不是前一周生产订单A、下一周生产订单B，应该是每天都能够生产A和B，因为客户的需求是每天都需要A和B。

4. 异常时停止生产和暴露问题

使生产设备具有发现问题及一发现问题就停止生产的能力。设置一种视觉系统以警示某个团队、某部设备、某个流程需要协助。在企业中设立支持快速解决问题的制度和对策，在企业文化中融入发生问题时立即暂停或减缓速度、就地改进质量以提升长期生产力的理念。

5. 工作标准化

工作标准化是持续改进和授权员工的基础，在工作场所中的任何地方都使用稳定、可重复的方法，以维持流程可预测性、规律的运作时间、规律的产出，这是"一个流"与拉式模式的基础。

到一定时间时，员工要汲取对流程的累积学习心得，把先进的最佳实务标准化，标准化才能够进行复制，复制的内容才能够得到传播，让员工对于标准提出创意的改进意见，把这些见解纳入新标准中，进行持续不断的PDCA。当然，如果有员工离职或者新员工加入，可以把学习心得传递给接替此岗位工作的员工。标准化的资料就能够得到传承，先进员工的经验就能够得到传播与复制。这样的企业一定能够立于长远不败之地。

精益班组长经常做的事情是不断地培养多能工，将先进员工的做法录制下来，不断地进行观察与实操，剔除过程中的浪费，将工序做法标准化。让更多人来学习标准化后的工序，只有这样做，工序的时间才能够稳定，稳定了工序就确保了工序操作时间，就能在规定的时间内完成规定的工作作业，确保班组单价流的顺畅生产。

6. 运用可视化暴露问题

可视化管理是根据视觉感知进行分析判断的管理方法。可视化管理，是为了实现 QCD 具体的经营目标而展开的一项有效的管理过程。学会可视化管理，能够帮助我们一眼看出问题；这个技能够帮助班组长，贯通所有的管理场景，展示自己获得高绩效背后的管理过程。

可视化管理的 3 个要点：

（1）无论谁都能判断是好是坏（异常）。

（2）能迅速判断，准确度高。

（3）判断结果不会因人而异。

在设立可视化看板的过程中，需要遵循五点要求，确保可视化看板能够准确开展：

（1）在一定距离内易见、易懂。

（2）标明关键性信息。

（3）易于区分正常/非正常状态。

（4）有助于记录、了解生产信息。

（5）易于使用，维护方便。

好的可视化管理要求只要用眼一看就能够清楚现场的状态，意味着"信息共享"的实现，使得现场的任何人都能够判断现场究竟是异常还是正常，从而迅速制定对策并加以处理。

可视化管理，不是为了好看，而是为了有用，更深层次地讲是为了有用而用，再从有用到好用。从横向管理指标、纵向管理要因出发，帮助我们现场的班组长建立起精益管理的全局观，抓住现场管理的要点，掌握解决问题思考的逻辑层次，从精益的角度，从问题产生的根源解决问题，从而建立一套解决问题的现场管理机制（表6-1）。

表6-1 精益班组长的10大精益管理行为

序号	项目	传统班组管理行为	精益班组管理行为
1	目标制定	粗放的目标，500个/天	上班8小时，20人，500个
2	生产模式	大批量生产，批量周转	单价流/小批量流
3	会议机制	随机的会议	有会议层级，会议流程化
4	指标数据	无效率、良率、异常数据	UPPH、TT、RTY、BTS
5	可视看板	在班组长的脑海里	班组的小时管理看板，班组全员都清楚
6	闭环能力	出现问题都不是我的问题	出现问题解决问题，从问题中收获能力
7	多能工种	从不培养，培养好了就走了	有目的有计划地培养多能工
8	三现主义	出现问题去办公室找上级领导	在现场了解实际情况解决现场实际问题
9	问题意识	现场没有问题	问题是改善的机会，是推动精益的发动机
10	过程导向	领导关注的是结果	关注过程中的流程改善，好过程导致好结果

传统班组长将问题掩盖起来，问题存在于批量生产工序中和班组长的脑海中，班组长不愿意暴露问题；精益班组长要求将问题进行可视化，通过

可视化看板将问题暴露出来，协同班组全员进行改善。精益班组长认为问题是改善的机会，出现这样的机会恰恰是班组长能力提升的机会。在改善的时候，班组长要同班组全员一起进行改善，从根源上杜绝问题的发生，而不是班组长自己做事后弥补的行为。

7. 只使用可靠的经过测试的成熟技术

良好的技术能够帮助流程运行，而不应该是取代员工，任何一项新技术都必须经过测试验证后方可执行。精益班组长从来不会排斥新的技术，经常的做法是愿意接受新的技术与知识，因为他们知道时代技术在变，班组长的认知也要随之改变。对于技术的更新迭代，班组长需要学习并适应经过测试后的成熟技术。

原则3：尊重员工和伙伴，激励并使他们成长

在这一原则中包括培养能拥护并实现公司理念的领导者；尊重、发展及激励公司员工与团队；尊重、激励与帮助供应商。

1. 培养能拥护并实现公司理念的领导者

在任何一家公司中，班组长都要得到能力的提升。每一家公司都希望能够从内部培养并提拔管理者，不到万不得已，一般公司很少从外部聘请管理者，当然包括班组长。班组长是一个班组的最高管理者，也是一个班组能力的最高体现。班组长大多数都是从班组内优秀员工中提拔起来的。假如公司有车间主任这样一个空缺，公司一定会先从公司内的班组长中进行选择，选择车间主任的一个非常重要的前提条件就是能够拥护并实现公司理念，这样的班组长能够和公司走得长远。那么，什么叫拥护并实现公司理念的管理者呢？首先，公司下达的政策要积极执行；其次，当公司面临问题时，要快速想办法解决；最后，和公司站在同一立场上。

2. 尊重、发展及激励公司员工与团队

尊重员工，并不断激励他们做得更好，这两者相互冲突吗？尊重员工指的是尊重他们的智慧与能力，不希望他们浪费时间，这就是尊重他们的能力。相互尊重与信赖指的是我信任并尊重你会做好你的工作，使我们整个公

司成功。

在职场中的每一个人都应该发挥他们本身的智慧为企业创造价值，在很多公司中，公司高层认为基层管理者即班组长这样的职位，更多的是执行层面，所以不需要班组长进行思考与改善。但是，精益的公司会认为只有能够提出问题和解决问题的员工才值得被尊重。如果只是一味地被动执行，而没有主动地进行思考这项作业如何进行改善，从精益的角度来说，这样的班组长是不值得被尊重的。

在班组中，班组长必须发挥主动能动性，最大化地发挥全部班组成员的力量，只有这么做，班组员工才能发挥出他们最大的价值，而不用为做无附加价值的劳动而挥汗。

3. 尊重、激励与帮助供应商

在一个班组中，上下道工序之间、车间与车间之间、设备与设备之间就是内部供应商的关系，在处理内部供应商的关系时，常规班组长的想法是我做好我自己的产品就可以了，其他的工序品质、产能与我没有太大的关系，我也不关心。精益班组长要从精益的角度出发，下道工序就是我的客户，我要尊重我的下道工序的需求，尽可能从时间上、数量上按时按量地达到下道工序的需求，这也是准时化生产的基点。

在很多情况下，班组长经常会因为上道工序的一些在制品没有及时送过来或者在制品出现了品质问题导致停工等待。常规班组长的态度则是抱怨，进而向上级不断施加压力，从而导致上下游工序间关系愈加紧张，合作越来越不顺畅。精益班组长对待上下游工序如对待自己的组内员工一样，他不断地激励上下游伙伴共同改进。当出现问题的时候，大家勇于面对问题，正视问题的存在，而不是逃避问题。公平对待、持续教导正是对上下游工序（内部供应商）的尊重。

原则4：持续解决根本问题

这个原则包括通过改进使企业能够不断地学习；亲临现场查看以彻底了解情况（三现主义）；不急于决策，考虑所有可能选择，并决策。

1. 通过改进使企业能够不断地学习

彼得·圣吉在其著作《第五项修炼》中对学习型企业作出以下定义：在一个学习型企业中，大家持续扩展他们的能力，以创造他们真正期望的成果，培养全新的、前瞻的思考方式，以实现共同的抱负，同时，大家持续不断地学习该如何共同学习。

2. 亲临现场查看以彻底了解情况（三现主义）

三现主义是指现场、现实、现物，即一切从现场出发，针对现场的实际情况，采取切实的对策解决，是一种实事求是的做法。当发生问题的时候，管理者要快速到"现场"去，亲眼确认"现物"，认真探究"现实"，并据此提出和落实符合实际的解决办法。

再去实践三现主义的时候，并不简单地查看观察就可以了，还需要问："发生了什么？你看到了什么？情况为什么是这样的？问题到底出在哪里了？你有没有进行深入的分析？你真的了解实际情况吗？"

3. 不急于决策，考虑所有可能选择，并决策

在班组长管理整个班组的过程中，应该如何实践这一原则呢？其实，很多时候，常规的班组长思考的一个点是多做少说，多做少思考。在精益思维下，精益班组长在管理班组的时候，遇到问题要将现状把握清楚，然后将现状的问题进行共有化，也就是要让班组的所有员工都知道这个问题的根因，然后多问几次为什么，团队一起考虑所有解决方式，采取最优的解决方案。

二、中小企业精益屋的搭建

在上一节中说明了精益生产方式形成的过程，那么，是不是所有的企业都应该按照精益屋形成的过程去实践呢？笔者通过调研大约200家企业，辅导超过100家企业的经历告诉大家，并不是所有的企业都需要按照精益屋的方式或者体系来推行精益，每一个企业都有属于自己的文化基因，也正是这样的文化基因与管理方式导致每家企业精益生产导入的模式不同。精益屋看起来很高大上，推行的时候则需要一定的管理基础。所以，不建议没有非常好的管理基础的企业一上来就全部导入精益屋的方式。

对于中小企业来讲，很多时候，现场管理的方式、作业标准化、会议的机制、异常处理的方式都还没有形成一定的规范。所谓的管理基础还没有建立起来。贸然导入精益屋就好像浮沙筑塔一样，最终会功亏一篑。那么，对于中小企业来说，假如要导入精益生产方式，可以从哪里开始着手呢？

笔者通过近10年的管理咨询经验，总结出中小企业精益屋构建的详细过程。

假如你的企业处于成长期，属于小规模阶段，也想导入精益生产，可以尝试导入如图6-5所示的这个"中小企业精益屋模型"。

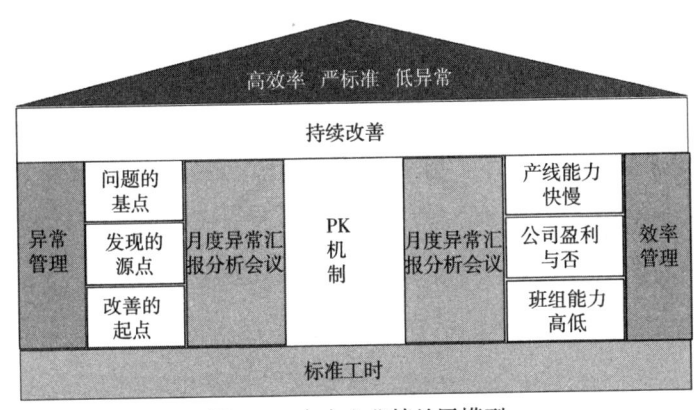

图6-5 中小企业精益屋模型

地基是标准工时，标准工时是企业的基础数据，每个企业都需要建立自己的标准工时数据库。用标准工时系统解决企业的基础数据问题，让数据从无到有、从有到精。很多中小企业每个工序的标准工时都没有建立，更谈不上标准产能，从而无法安排合理的生产计划，只有建立了标准工时，才能建立班组的标准产能，才能安排合理的生产计划。

中小企业精益屋模型的两个支柱分别是异常管理和效率管理，左边的支柱异常管理解决的是企业生产顺畅的问题，很多企业面对异常，都认为出现异常很正常，不愿意解决，首先，企业的班组长要有解决问题的意志，解决异常要从逃避到面对，解决问题要从多到少，异常改善从结果到根源，用

5Why 寻找问题产生的根因，从根源上解决问题。

右边的支柱就是效率管理系统，效率管理要解决的是结果的问题，通过效率可以看到班组的产能实际情况怎么样，班组产线是否盈利，班组长能力在班组的体现结果如何，设备的综合效率怎么样，用效率管理系统解决产能达标问题，班组效率从无到有，班组评价从无到有，提升从有到专。效率的前期统计分析很重要，只有知道班组的效率现状，才能根据目标找到效率存在的问题点，进而拟定改善对策。

另外，在做异常管理和效率管理的过程中，每月召开2个会议和1个循环。2个会议分别为月度异常汇报分析会议和月度效率汇报分析会议，1个循环就是标准工时持续更新的循环。

标准工时、异常管理与效率管理之间存在一定的联系（图6-6）。

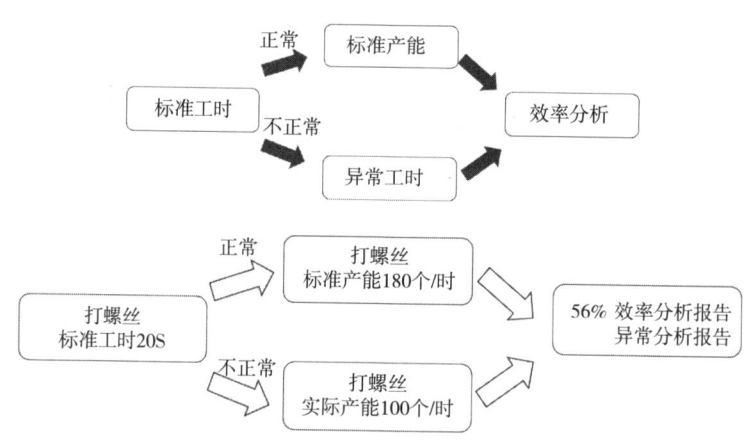

图6-6 标准工时、异常管理、效率管理的关系

中小企业精益屋模型的房梁是持续改进，只有坚持持续改善，班组管理的根基才能越来越牢固；只有坚持持续改善，班组的效率才能持续稳定提升；只有坚持持续改善，班组长的能力才能得到持续提升。

第二节 浪费的核心内容

一、浪费的定义

什么是精益中的浪费呢？

在制造企业高层的经营理念里，赚钱的概念很简单：生产某种产品，然后将它卖给消费者，获得高于生产成本的收入。那么，这个目标该如何实现呢？首先，你必须拥有生产产品的地点、员工、原材料、设备，然后投入这些资源制造出产品。还有一个非常关键的要素：愿意买你产品的顾客。这个重要的部分便是精益生产的核心所在。在精益生产的哲学里，厂家的任何行为都应从顾客的角度出发来进行评估。换言之，顾客要什么就给他们什么——不多，也不少。

浪费就是不产生任何附加价值的动作、行为等内容。

在精益生产中，把工作分为三类：有附加价值的工作、无价值的浪费、无价值但必要的工作（图 6-7）。

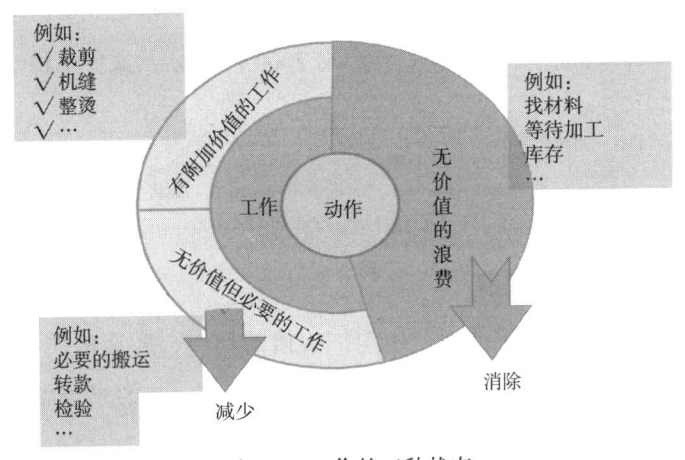

图 6-7 工作的三种状态

浪费有三类形态，如图 6-8 所示。

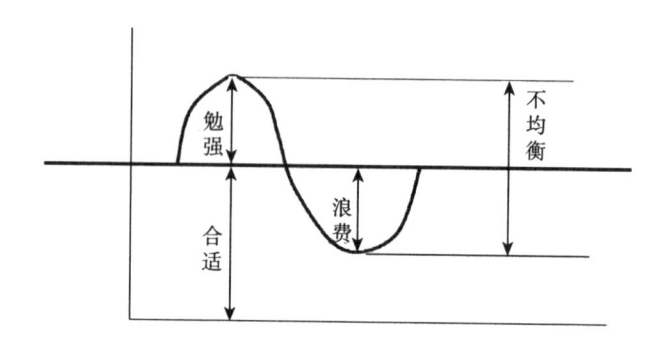

图 6-8 浪费的三类状态

勉强：超过能力界限的超负荷状态。

浪费：有能力，但未给予充足的工作量的未饱和状态。

不均衡：有时超负荷有时又不饱和的状态，即差异状态。

浪费的状态——勉强：在工作中，经常有将流水线速度开很快的情况，但是员工的实际速度跟不上皮带线的速度，长期下去，就会导致员工超负荷工作，处于勉强的状态。

浪费的状态——浪费：在工作中，一个员工小时产能为 1000 件产品，但是由于种种原因，他并不能做到每个小时产出都是 1000 件，这样的状态就是浪费的状态。

浪费的状态——不均衡：员工每天的工作能力不稳定，有的时候一天可以产出 3000 件产品，有的时候一天产出 2000 件产品，这种不稳定的状态就是不均衡。

二、八大浪费

八大浪费包含以下情况。

搬运浪费：搬运是一种不产生附加价值的动作，搬运的损失分为放置、堆积、移动、整理等动作浪费，时间的耗费，人工、工具的浪费、物品移动所要空间浪费，生产流水同步化是减少搬运的根本方法。

库存浪费：库存浪费是万恶之源，即原物料、半成品（在线在制品）、成品储存在固定区域或仓库。

动作浪费：指对产品的功能或特性没有产生价值的动作，主要指产品加工过程中人的不必要动作或者不合理动作。

等待浪费：指在制造过程中人员、物料、机器处于闲置状态，等待下一个流程或动作，如缺料、待机等，等待就意味着没有产出，没有创造价值。

过量生产浪费：指生产超出客户（或下道工序）所需求的数量及时间过量生产会导致的额外的不良、额外的操作、额外的空间、过度使用机器、额外的人员、产生搬运和堆积。

加工浪费：因技术（设计、加工）不足造成加工上的浪费，原本不必要的工程或作业被当成必要的工作。

不良品浪费：指产品质量达不到客户要求而造成材料、机器、人工等的浪费，客户并不需要不良品，所以投入的资源都是浪费，可细分为人员浪费、设备浪费、物料浪费等。

管理浪费：指管理者未能充分发挥自己的智慧，识别出浪费并消除浪费的智慧浪费。

三、八大浪费的识别方法

对于工作在车间现场的班组长来讲，如果能够识别浪费，并且消除浪费，将是一件非常重要的工作。

针对八大浪费的内容，可以使用 3 种方法进行识别，针对不同的浪费使用不同的浪费识别方法。

浪费的第 1 种识别方法——纵向展开法：此方法适用于对某一个具体的工位操作进行浪费识别。纵向展开法具体实施的步骤如图 6-9 所示。

浪费的识别最终要回归到时间上，去除工序、消除动作、减少搬运等都是为了压缩作业时间，进而提升工序的工作效率。

纵向展开法非常适合班组长开展浪费识别，班组长经常工作在车间现场，每时每刻都能够观察到每个工位的实际工作情况，如果能够利用纵向展开法对班组内的某个工序进行调研研究，一定能够识别浪费并消除浪费（表6-2）。

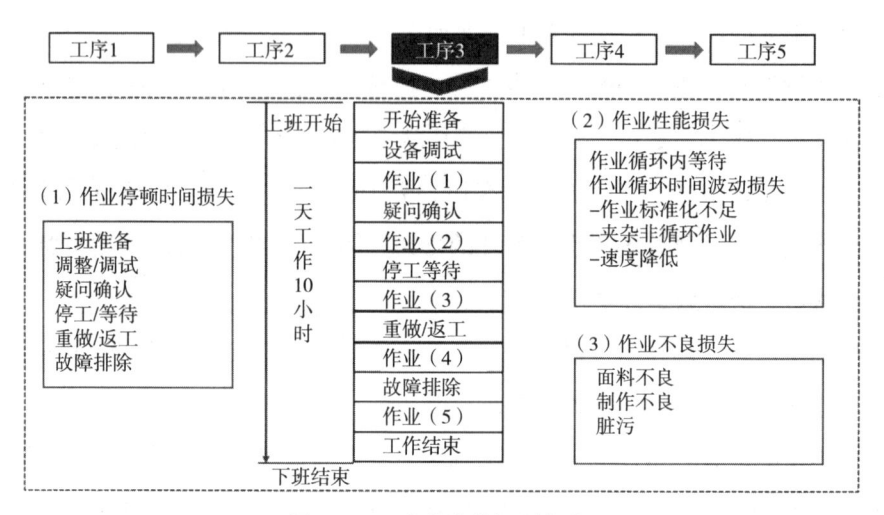

图6-9 工序的浪费识别方法

表6-2 某企业班组长浪费识别表

内容	过程（原因）	备注
整理	发现材料（所做工序）零乱或已做好的工序进行的整理、点数、排序	1. 本款有返工整理 2. 堆积整理
修改	由于新款上线，员工适应期及适应度，工艺改动，拆开重新缝制	1. 面料 2. 机器 3. 员工的熟练度
寻找	员工在流水筐中寻找不到自己说做作业工序的裁片，起身寻找的过程	流水线不平衡
商讨工作	由于作业内容的修改，工艺改动，作业方法，及机器调试	新款上线会比较明显
搬运	对自己所做作业工序的裁片的搬运，返修后的搬运	搬运会给流水线造成混乱
故障	新款上线对机器性能好坏没有准确把握、断线、断针	1. 影响工序操作 2. 给作业员造成反感

续表

内容	过程（原因）	备注
等待工作	整个班组面辅料等待，作业员机器维修等待，上一道工序流入的等待	工序等待与流水平衡有关
疲劳间歇	作业员不停返修也会增加疲劳间歇时间	疲劳间歇时间过长影响效率

浪费的第2种识别方法——横向展开法：所谓的横向展开法就是借助价值流程图的方式，从原材料进厂开始到成品进入仓库结束，与价值流程图不同的是，横向展开法只是针对公司内部的制造流程开展调查研究，供应商和客户并不需要纳入此研究范围内。这是为了减少研究的困难度和压缩研究的时间。此处研究的重点是工序与工序之间是如何进行周转的，每次周转的量是如何确定的，每次周转的时间间隔是多少，每次周转的工具是什么，每次周转的需求来自哪里，要对这些信息进行详细的调查研究，以确定现场把握的深度。

一般在开展横向展开法时，可以选择一个量相对较大的产品进行研究。

横向展开法可能并不适合传统的班组长实际操作，因为传统的班组长负责的区域就是自己班组内的现场管理工作，不是自己区域内的工作，可能不能进行管辖。但是这正也说明，传统的班组长只顾自己班组内的生产工作，而不顾上下游工序之间的合理衔接生产安排。也就是说，准时化生产。班组长需要了解班组上道工序、下道工序是如何操作的，如何让上道工序及时准确地为自己班组进行配送物料，而自己班组也要及时地将自己做好的半成品送至下道工序，确保下道工序及时接收到所需的产品。班组长只有使用横向展开法去现场了解、观察、测量后，才更能掌握上下工序的实际需求，切实地依据实际情况来识别出浪费，进而消除浪费。

浪费的第3种识别方法——浪费识别表法：所谓的浪费识别表法就是事先依据公司的实际情况编制一个浪费识别表，依据此表单，去现场观察实际的浪费作业并进行记录，进而将浪费作业作为改善课题进行研究消除的过程。

一般在执行浪费识别表时，需要遵循以下4个原则进行操作。

原则1：每次只针对某一个浪费（比如搬运）进行现场识别，避免浪费不聚焦的现象产生，以加深大家对浪费认知的深度。

原则2：每次开展浪费识别表法的时候，最好是组成一个小组进行整体识别，避免大家不重视浪费的现象产生。

原则3：开展浪费识别后，需要召开会议，集中研讨这些浪费，并至少在一周内改善1个浪费，确保浪费识别与改善能够落地。

原则4：浪费改善后，需要将改善前的现状和改善后的效果制作成海报，进行发表（表6-3），让浪费识别的方法能够在公司内部发扬光大。

表6-3 浪费识别表
浪费查找表

观察场所： 观察人： 观察时间：

浪费类别	序号	问题	观察结果
过量生产	1	过量生产(例如分装)/超前工作是否明显？	
库存	2	线边物料明显过多(参照值2个小时)	
等待时间	3	操作工是否有等待？	
	4	机器设备是否有静止时间？	
	5	前工位是否对本工位有干涉？	
	6	本工位是否对下工位有干涉？	
不必要的移动/动作	7	有没有不必要的零件取放？	
	8	分装点到主线安装处是否有路程？	
	9	取件是否有行走？	
	10	获取装配信息是否有行走？	
	11	操作工是否操作太多的零件？	
	12	对流程来说工具和零件的放置是否合理？	
	13	员工是否周期性地工作(走向下一辆车的路程中取零件)？	
	14	零件是否有摆放在三角区域的起止点中间？	
	15	零件的摆放是否合适？	
	16	员工是否有不符合动作经济原则的动作(穿腰，过度伸展，重物等)？	

续表

浪费类别	序号	问题	观察结果
搬运浪费	17	给生产线上料时零件/料箱/料架需要两次搬运？	
不必要流程	18	零件在安装前需要再加工(切割，穹曲，敲等)？	
	19	在安装前需要拆除(胶带，封条)？	
	20	是否使用辅料便利安装(润滑剂，肥皂)？	
	21	是否有使用以下工具：槌子，锉刀，螺丝刀，赫轮扳手？	
	22	如有使用扭矩扳手：多于2次动作？	
	23	拆零件包装？	
	24	摆弄(抓取和装配)零件多于1次(调整零件方向)？	
	25	零件装配剪是否需分拣？	
	26	在流程中使用的工具被放下有重新拿起来用？	
	27	流程中使用过多的耗材？	
	28	员工是否需要敲打，穹曲，按压零件？	
	29	本岗位的操作内容是否与标卡一致？	
	30	只对流程必须的内容做调整工作？	
	31	零件安装前是否需要质量检查？	

四、八大浪费的改善方法

对于八大浪费的改善，是从浪费认知到浪费识别的最后一站，如果能够将浪费彻底改善，那么无论是对于公司还是班组长，改善的收益一定是很大的。对于不同层级的管理者来说，浪费改善的时间不应该是一样的，而是有时间划分的。

对于员工来说，更多的是要做标准作业规定的作业，即维持好他们的标准作业；对于班组长来说，除了自己的管理标准作业外，还需要拿出50%的时间来做改善工作，这些改善工作就是消除浪费的过程；对于车间主任来说，要拿出50%的时间来做浪费改善工作，另外25%做日常性管理工作；对于生产总监来说，50%的时间是做浪费改善工作，50%的时间是做创新性的工作研究（图6-10）。

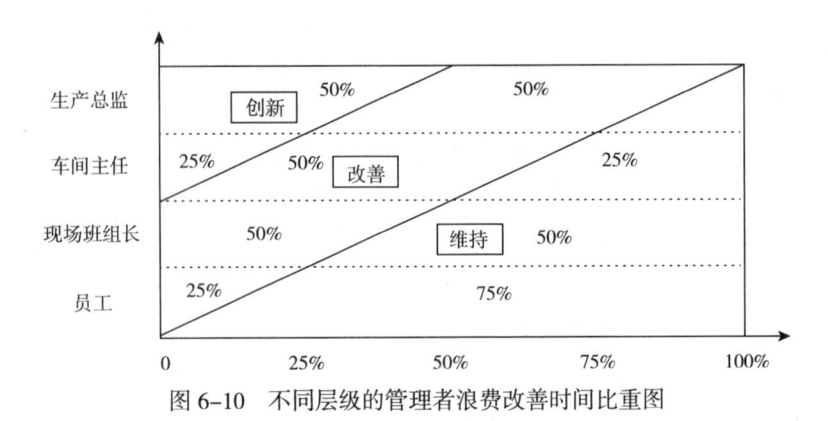

```
            创新    50%        50%
生产总监   ┌─────┐
           │     │
车间主任  25%  50% ┌─────┐ 25%
                  │ 改善│
                  └─────┘
现场班组长    50%        ┌─────┐ 50%
                         │ 维持│
                         └─────┘
员工       25%           75%
          0    25%    50%    75%   100%
```

图 6-10 不同层级的管理者浪费改善时间比重图

八大浪费的改善如图 6-11 所示。

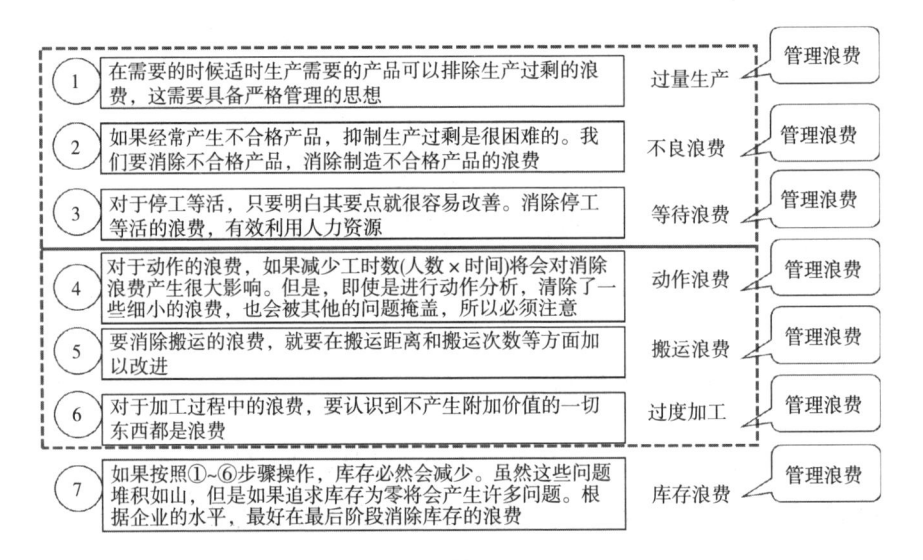

①	在需要的时候适时生产需要的产品可以排除生产过剩的浪费，这需要具备严格管理的思想	过量生产	管理浪费
②	如果经常产生不合格产品，抑制生产过剩是很困难的。我们要消除不合格产品，消除制造不合格产品的浪费	不良浪费	管理浪费
③	对于停工等活，只要明白其要点就很容易改善。消除停工等活的浪费，有效利用人力资源	等待浪费	管理浪费
④	对于动作的浪费，如果减少工时数(人数×时间)将会对消除浪费产生很大影响。但是，即使是进行动作分析，清除了一些细小的浪费，也会被其他的问题掩盖，所以必须注意	动作浪费	管理浪费
⑤	要消除搬运的浪费，就要在搬运距离和搬运次数等方面加以改进	搬运浪费	管理浪费
⑥	对于加工过程中的浪费，要认识到不产生附加价值的一切东西都是浪费	过度加工	管理浪费
⑦	如果按照①~⑥步骤操作，库存必然会减少。虽然这些问题堆积如山，但是如果追求库存为零将会产生许多问题。根据企业的水平，最好在最后阶段消除库存的浪费	库存浪费	管理浪费

图 6-11 八大浪费改善图

八大浪费之过量浪费的改善方法如表 6-4 所示。

表 6-4 过量浪费产生的 3 种原因及改善方法

过量浪费产生的 3 种原因		
过量计划	过量投入	错误的管理意识
（1）需求信息不准确造成计划过量； （2）生产计划有误； （3）生产信息传递不畅； （4）生产制造过程缺乏快速反应	（1）不考虑后工序的生产速度，前工序投入过量； （2）推动式生产； （3）各工序工时不平衡； （4）富余的生产人员； （5）留给操作者过大的空间	（1）"设备效率要最大化"； （2）"我的生产达成率第一"； （3）"交付优先，库存是必须的"； （4）"停止作业是犯罪"

续表

过量浪费改善的3种方法		
过量计划改善方法	过量投入改善方法	错误的管理意识改善方法
（1）制定产销平衡的管理制度； （2）进行小批量生产方式； （3）推行淡旺季人力资源政策	（1）开展一个流生产方式； （2）单元式生产方式； （3）快速切换模式导入	（1）各个车间生产同步化进行； （2）开展拉动生产方式； （3）严控PMC管理体系

对于过量生产的浪费来讲，班组长一定要记住一条：不要做计划量之外的产能。当生产计划员安排一天生产多少数量的时候，一定按照计划的要求进行生产，而不是按照自己的班组能力来做，多做不一定是好的，多做的产品有可能会一直堆放在仓库。经常在流水线中看到一些工序的半成品堆放在仓库中，这些半成品都是由于工序安排不合理导致员工有多余的时间多做半成品，当计划调整的时候，多做的半成品又不能返工，只能放置在仓库中，时间久了，半成品就变成了废品。

八大浪费之不良浪费的改善方法如表6-5所示。

表6-5 不良浪费产生的3种原因及改善方法

不良浪费产生的3种原因		
人员方面	设备方面	物料方面
（1）作业人员流动大； （2）员工操作不按标准作业进行； （3）员工缺乏相应的培训； （4）新员工比较多	（1）设备保养缺失导致故障多； （2）设备加工精度不稳定； （3）量具未及时校正	（1）缺失来料检验环节； （2）在制品产生不良； （3）过程品质不稳定
不良浪费改善的3种方法		
人员方面的改善方法	设备方面的改善方法	物料方面的改善方法
（1）开展轮岗制； （2）制定标准作业； （3）多新员工进行培训后上岗	（1）对设备开展TPM； （2）对设备进行及时维护； （3）开展量具管理	（1）规范来料检验环节； （2）控制在制品不良； （3）推行工序间"三不原则"

在班组生产的过程中，一定要在工序间推行品质管控的4个三原则（图6-12），品质在工序中打造。要让员工养成良好的品质意识，及时检验上

道工序的质量、检验自己本道工序的质量、不将不良品传递给下工序，员工要有"我的品质由我保证，第一次就做对的观念"，相信班组的品质一定能够提升起来。

员工要做好自主检查工作，需要具备4个条件：

（1）辨不良：能识别前道工序用料或半成品的不良。

（2）清标准：清楚自己所操作工序的标准。

（3）做检查：认真作业，做后检查本工序的品质。

（4）不传递：不符合品质标准的不要传递下去，要及时返修。

三现主义	三按原则	三不原则	三不放过
现场	按照图纸作业	不接收不良品	根因不查清不放过
现场	按照标准控制	不制造不良品	责任人不教育不放过
现场	按照工艺执行	不流出不良品	没有纠正措施不放过

图6-12　品质管控的4个三不原则

八大浪费之等待浪费的改善方法如表6-6所示。

表6-6　等待浪费产生的2种原因及改善方法

等待浪费产生的2种原因	
人等设备或物料	设备等人或物料
（1）设备故障导致人员等待； （2）设备切换产品导致人员等待； （3）等待上道工序供料； （4）缺少原材料导致人员等待	（1）缺料导致设备等待； （2）缺少员工操作导致设备等待； （3）上道工序未按照规定时间完成作业导致设备等待
等待浪费改善的2种方法	
人等设备或物料方面的改善方法	设备等人或物料方面的改善方法
（1）开展设备TPM； （2）推行SMED管理； （3）进行线平衡分析	（1）梳理计划体系； （2）及时招聘员工； （3）人机作业分析

等待浪费在工厂中是比较常见的一种浪费，在工厂设备旁边、流水线旁边都可以看到等待的浪费。班组长管理自己范围内的员工时，可以用一个标准来衡量是否有等待浪费，这个标准就是产出工时与投入工时的比较，如果产出工时和投入工时差不多，说明人员没有等待现象，如果产出工时小于投

入工时，说明员工操作动作慢或者出现等待浪费。对于等待浪费，要根据时间的刻度精度来判断等待浪费的优劣，有的公司把大于 5 分钟的等待当作等待浪费，有的公司把大于 1 分钟的等待当作等待浪费，时间的刻度决定了等待浪费处理的精度。

八大浪费之动作浪费的改善方法如表 6-7 所示。

表 6-7　动作浪费产生的 3 种原因及改善方法

动作浪费产生的 3 种原因		
肢体使用方面	作业配置方面	机械设计方面
（1）习惯性浪费动作； （2）操作方式不对； （3）不需要的、重复的动作	（1）物料摆放不合理； （2）物料数量不合理； （3）物料放置容器不合理	（1）不是专用工具； （2）工具比较多； （3）工具使用不方便
动作浪费改善的 3 种方法		
肢体使用方面的改善方法	作业配置方面的改善方法	机械设计方面的改善方法
（1）双手应同时开始，并同时完成动作； （2）除规定的休息时间外，双手不应同时空闲； （3）双手动作应该对称，反向并且同时进行； （4）手的动作应用最低的等级而能得到满意的结果； （5）连续的曲线运动，以方向突变的直线运动为佳； （6）动作应该尽可能应用轻快的自然节奏，因节奏能使动作流利及自发	（1）材料、工装的三定（定点、定容、定量）； （2）材料、工装预置在小臂范围内，材料、工装的取放需简单化。 （3）物品的移动以水平移动为佳； （4）利用物品的自重进行工序间的传递； （5）作业高度适度以便于操作； （6）需满足作业照明要求	（1）用夹具/治具固定产品及工具； （2）使用专用工具； （3）合并两种工装为一个； （4）设计手柄时，应尽可能增大与手掌的接触面积，提高工装设计的便利 （5）机器上的手杆、工作杆及手轮的位置，应使操作者极少地改变姿势，且能最大地利用机械力操控程序与作业程序配合

动作浪费的改善，班组长需要学习动作经济原则，利用动作经济原则中的内容，在流水线旁边观察员工的操作，寻找动作的浪费，找到动作浪费产生的根源，进而开展改善。动作浪费的改善需要持续地进行实操演练。多去现场观察员工的操作是非常有帮助的。动作浪费的类型及具体表现如表 6-8 所示。

表 6-8 动作浪费识别图

序号	浪费类型	具体表现
1	两手空闲的浪费	在开始作业到终了之间,有两手空闲的时候
2	一只手空闲的浪费	一只手在作业,一只手在休息
3	动作中途停顿的浪费	每动作一次停止一次(动作不连续)
4	动作幅度太大的浪费	转身、M4(大臂的动作)以上的动作
5	拿的动作中途变换的浪费	在移动过程中翻转、调整等
6	步行的浪费	治具的位置远、部品的位置远
7	动作角度太大的浪费	最适合的角度在 45° 以内
8	动作之间配合不连贯的浪费	非"联合作业"的浪费(机器在工作,人在等待)
9	不懂技巧勉强动作的浪费	作业修正、不习惯、有很好做的时候和做不好的时候
10	掂脚尖勉强动作的浪费	部品、作业的位置太高
11	弯腰动作的浪费	部品、作业的位置太低
12	重复动作的浪费	反复重复的没有必要动作

八大浪费之搬运浪费的改善方法如表 6-9 所示。

表 6-9 搬运浪费产生的 2 种原因及改善方法

搬运浪费产生的 2 种原因	
布局不合理	搬运工具不合理
(1)车间与车间布局问题; (2)人员排布太远; (3)设备与设备距离太远; (4)大型设备移动不了	(1)没有合适的搬运工具; (2)没有标准的搬运工具; (3)靠员工自己凭蛮力搬运
搬运浪费改善的 2 种方法	
布局不合理方面的改善方法	搬运工具不合理方面的改善方法
(1)开展车间布局优化; (2)开展 CELL 生产模式; (3)进行设备与设备的合并工作; (4)在大型设备前后集结生产	(1)设计不同的搬运工具; (2)设计员工作业辅助工装; (3)设计带轮子的周转车; (4)利用皮带线自动传送

由于班组长只管理自己的班组,对于搬运浪费来说,经常在班组内看到的现象就是员工站起来寻找物料并拿到自己工位上。班组长要在班组内设置一个物料员或者多能工,帮助员工配送物料,不要让员工站起来去搬运物

料,员工离开工作岗位就意味着浪费的开始。减少搬运浪费的产生,让员工持续创造价值。

八大浪费之过度加工浪费的改善方法如表 6-10 所示。

表 6-10 过度加工浪费产生的 2 种原因及改善方法

过度加工浪费产生的 2 种原因	
客户方面	设备方面
(1)与客户沟通不足,未准确把握客户需求; (2)检验太严,超过客户的标准; (3)加工精度超过客户需求	(1)设备加工精度不足,要多次修正; (2)设备过于先进,加工能力超过需求; (3)过度的产品防护
搬运浪费改善的 2 种方法	
客户方面的改善方法	设备方面的改善方法
(1)客户沟通书面化、数据化; (2)定义检验标准; (3)明确客户产品的精度要求	(1)设备过程能力分析; (2)完善设备采购流程; (3)明确客户需求,切实做好防护

相对其他几种浪费,班组长对于过度加工浪费的关注不会很多,因为引起过度加工浪费的根源很多不在班组长层面,更多的是在设计和销售层面。班组长更多的是负责执行。所以,要想从根源上杜绝过度加工浪费,还是需要从设计和销售端着手进行改善。班组长在生产过程中,发现有过度加工的浪费需要立即反映,坚决不做过度加工的浪费。

八大浪费之库存浪费的改善方法如表 6-11 所示。

表 6-11 库存浪费产生的 3 种原因及改善方法

库存浪费产生的 3 种原因		
原材料库存	在制品库存	成品库存
(1)过量采购; (2)过早采购; (3)采购周期太长	(1)工序之间产能不平衡; (2)推动式生产方式; (3)切换少,大批量生产	(1)做库存,再销售; (2)预测失误导致; (3)客户订单变更
库存浪费改善的 3 种方法		
原材料库存方面的改善方法	在制品库存方面的改善方法	成品库存方面的改善方法
(1)杜绝过量和过早采购; (2)控制采购距离与采购批量; (3)压缩采购周期	(1)连续流生产方式; (2)后拉式看板生产方式; (3)SMED 快速切换	(1)按照客户订单生产; (2)提高客户预测准确率; (3)减少订单计划变更

很多企业想都要零库存，能不能做到零库存呢？班组长要杜绝原材料浪费需要按需进行生产，按需进行领料，杜绝多领、超领物料。在制品库存的产生往往是上下工序之间产能不平衡导致的，班组长要关注下游工序是否需要这么多的产能。班组长对于成品库存浪费的减少力度相对比较小，因为客户的订单和销售预测都是由销售端决定的。但是，作为班组长切勿盲目不按照计划进行生产。

八大浪费之管理浪费的改善方法如表6-12所示。

表6-12 管理浪费产生的3种原因及改善方法

管理浪费产生的3种原因		
不知道浪费的存在	不知道如何识别浪费	不知道如何改善浪费
（1）对于浪费不认识； （2）无视浪费的存在； （3）没有浪费的意识	（1）没有识别过浪费； （2）不会识别浪费； （3）缺少识别浪费的工具	（1）不知道如何做浪费改善； （2）不知道浪费改善的工具； （3）不知道浪费改善的收益
管理浪费改善的3种方法		
不知道浪费的存在的改善方法	不知道如何识别浪费的改善方法	不知道如何改善浪费的改善方法
（1）培训浪费的知识； （2）培养浪费的意识	（1）开展识别浪费的活动； （2）培训识别浪费的技巧； （3）培训识别浪费的工具	（1）教导做浪费改善的方法； （2）培训浪费改善的工具； （3）学会制作改善收益表

管理浪费是班组长等管理人员智慧未能充分发挥的浪费，是最大的浪费。班组长工作在生产一线，深知现场改善的好处，也知道如何改善现场很多的不足之处。但是，由于企业缺乏一些激励的方式或者提案的流程制度，导致班组长的想法未能够及时发挥出来，班组长的潜能和智慧被常年埋没在萌芽中。作为管理者来讲，如果能够及时将班组长的能力发挥出来，并带动一线员工做改善，这个能力的总和一定会超越90%的企业管理水平。

第三节 提案改善的方法

一、改善的定义

改善的观念其实非常简单，就是公司所有的员工随时随地注意所有可以改善的大小事情，因此可以说，一切的生活方式、工作方法、社交方法或家居生活，都可以通过不断改善而获得进步。

"持续改进"的字面意义是通过改而变好，意指小的、连续的、渐进的改进。"持续改进"意味着改进，涉及每一个人、每一环节的连续不断的改进：从最高的管理部门、管理人员到工人。

好产品来自好的设想，激发全体员工的创造性思维，以改善公司的业务如表 6-13 所示。

表 6-13　改善的意义

提案者	管理者	公司
获得提案奖励	获得下属尊重	塑造改善文化
获得他人尊重	获得上级认可	培养主人思想
获得职位晋升	管理就是改善	节约制造成本
获得改善效果	改善就是管理	企业持续发展

二、提案改善的介绍

为激发每位员工的想象力、创造力和发现问题的能力，综合每位员工的智慧和经验，提出有利于公司生产改善、管理水平提高及业务发展的提案改善，达到消除浪费、降低成本、优化流程、提升效率、提高质量、改善工作环境、提高公司经营水平、激励员工士气的目的。

提案改善是针对工作中存在的所有需要改善的地方，提出的可实施的方案。一般提案活动的范围涉及企业的所有方面，如安全、卫生、工作环境、成本、库存、质量、效率等，期待效果可以是有形的，也可以是无形的。

提案改善受理的范围包括：

（1）管理体制：有利于公司文化建设，有利于现场/行政/财务等管理，提高团队士气等的方案。

（2）品质改善：降低不良损失金额，降低材料不良率，提高产品一次合格率等方面的提案。

（3）降低成本：效率提升，作业方法改善，工艺流程改善，工装夹具或设备改善，搬运改善，布局改善，仓库库存、降低消耗品使用量，其他成本降低之方法的提案。

（4）生产技术：生产方式改善与变革的方法与建议，新生产技术的建议、实施方案等提案。

（5）有关安全生产、生产环境改善、5S改善之提案。

很多公司通过在公司内开展提案改善的活动，激发员工的改善意愿，进而为公司持续改善创造生机。一般情况下，制造企业会分为几个小组，将公司的所有人员分配到相应的小组内，以小组作为单位来运行各个小组的提案申报、审核、汇总（表6-14～表6-20）。

表6-14 提案小组

组别	部门组成				
第一组				组长：	副组长：
第二组				组长：	副组长：
第三组				组长：	副组长：
第四组				组长：	副组长：

表 6-15　提案申请表

部门单位			提案人		提案日期	
提案性质	□个人 □团体	提案名称			提案编号	
团体成员姓名/工号						
（一）改善前状况（问题点描述）							
（二）改善目标及对策（改善手法）							
（三）实施及推广可行性描述，后续新开发的专案类似此种制程及类似现象的问题可引用推广							
（四）预期效果/效益（评价）（请提供效益计算方法及佐证资料）							
评价类别	创新度		可实施性	实施效果	推广性	
评审结果						
提案处理方式	□采纳　□保留 □不采纳			评审签字		

表 6-16　提案改善汇总表

序号	提案日期	提案改善名称	提案人	归属单位	提案类别	评审立项决议			实施执行人/单位	协助执行人/单位	实施完成日期	提案得分	实施得分	备注
月份						采用	保留	退回						
1														
2														
3														
4														
5														
6														
7														
8														
9														

表 6-17 提案评分标准

序	评价项目		评价基准	评分
1	创新度（25分）	模仿	1. 本期提出	0～5分
			2. 引进和模仿其他公司	
		应用	1. 本期提出	5～10分
			2. 对本职工作没有做到进行更正的提案	10～15分
			3. 在此之前没有类似的方法、提案或制度	15～20分
		创新	1. 在应用条件的基础上	20～25分
			2. 能更高层次考虑问题（超出本职工作范围）	
			3. 改善提案对改革的促进有非常大的作用	
2	可实施性（20分）	困难	提案的内容对目前条件或其他方面的支援、投资都几乎无法实施	5～10分
		可实施	通过一些其他方面支援或投资即可实施	10～15分
		容易实施	不需任何投资或支援即可实施	15～20分
3	实施效果（35分）	一般	1. 改善效果不明显或稍有改进	0～10分
			2. 经济效益收益很小	
		显著	1. 节省费用在 0.5 万～1 万/半年	10～25分
			2. 效率、合格率提升 10%～20%	
			3. 安全、环境、形象、制度等有明显改善	
		效益巨大	1. 节省费用在 1 万以上/半年	25～35分
			2. 效率、合格率提升 20% 以上	
			3. 安全、环境、形象、制度等有突破性改善	
4	推广性（20分）	无	只限于本工位	0～5分
		一般	可适用于本部门	5～15分
		极广	1. 适用于公司各部门	15～20分
			2. 可作为标准化文件	

表6-18 提案各组排名明细表

组别	第一名		第二名		第三名		备注项
第一组							
累计提案数							
	姓名	提案数	姓名	提案数	姓名	提案数	
当月明细							

表6-19 提案奖励标准表

奖项	评分	核定权限	评审等级	奖金
参与奖	$50 \leq X < 60$	评委会	鼓励	50元礼品
入围奖	$60 \leq X < 75$		一般	100元
三等奖	$75 \leq X < 85$		良好	200元
二等奖	$85 \leq X < 95$ 分		优秀	500元
一等奖	≤ 95 分		突出	1000元

表6-20　提案改善月度排名表

组别	第一名		第二名		第三名	
第一组						
提案分值 提案等级	姓名	提案数	姓名	提案数	姓名	提案数
参与奖						
入围奖						
三等奖						
二等奖						
一等奖						

三、提案改善的流程

提案改善的流程如图6-13所示。

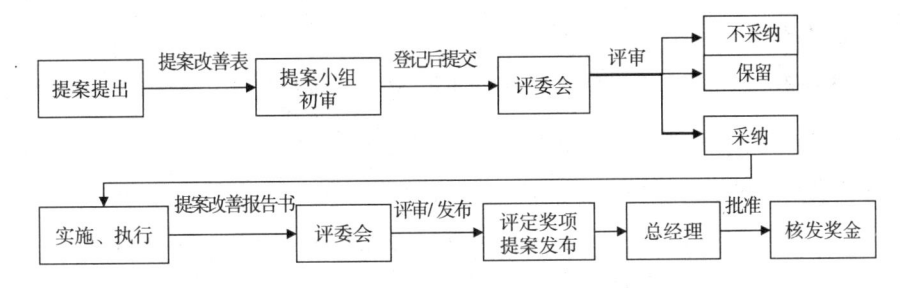

图 6-13 提案改善流程

受理：提案的受理部门为公司人力资源部，提案人员将整理的提案报告给组长经初审后（参谋长做本小组提案改善记录与资料存档）可随时直接递交人力资源部，由其对提案初步核查，并进行登记，提案一律不退给提案者，请自行保留复印件。

评审：人力资源部将受理的提案提交给提案小组，针对提案的可行性，初步将提案定性为"采纳""保留""不采纳"三类：

（1）采纳的提案：交由有关责任部门实施，并记录分数。

（2）不采纳的提案：将原件发还提案人，记录 0 分。

（3）保留的提案：需较长时间考虑者，先将保留理由通知原提案小组（一般以三个月为限，但经评委会同意的，可延长至 6 个月）。

（4）各提案小组长，对本小组提案与解决程度给予严格审查与跟进，对提案改善工作不重视的，进行公告批评惩处，并作为岗位胜任能力考评依据。

四、提案改善的发表

提案改善开展起来之后，就需要对班组员工的提案进行发表，发表的时候企业的高层要多参与，让员工体会到改善的重要性；优秀的提案要进行发表，发表的时候要员工站在讲台上发表自己的思考改善过程；优秀的提案要全部张贴出来，在公司要设计提案改善案例墙，做好改善的氛围营造工作。

很多企业的提案改善活动不能够持续开展下去，甚至还没有开展起来就停止了，原因可概括为以下"四不"内容：

1. 不知道

（1）不知道要改善。员工压根就不知道有改善这回事，对于改善的内容基本上处于一种迷茫、没有任何认知的状态。所以说，员工不知道有改善，就不会提出改善的方法与对策。

（2）不知道如何提。很多企业的员工都是非常优秀的员工，优秀的员工当然会有一些优秀的改善建议，但是企业缺乏一些提案改善的流程，或者企业有这样的流程，由于一线的主管没有宣贯到位，导致员工不知道有这样的改善流程。

（3）不知道怎么改。对于改善的内容，很多企业的员工陷入了一种对改善认知的误区，认为提出的改善都必须是自己进行改善，自己知道自己操作的工序有改善的空间，但是由于不知道怎么改善，导致提案藏于脑海中，一线主管没有给予员工提案改善的思维空间，没有帮助员工开发自己改善的思维。

（4）不知道有好处。对于推行提案改善活动，很多企业会有一些改善的福利，对于员工提出的改善内容给予员工一定的福利与奖品。有些企业认为改善本身就是员工应该做的事情，所以缺乏这样的奖励政策，导致员工认为自己提出改善，自己进行改善，而且没有任何奖励，最终不愿意提出改善，从而改善的思维被扼杀在了脑海里。

2. 不愿意

（1）没有好处不愿意。很多企业员工不愿意提出改善的核心内容就是企业对于改善没有制定任何奖励措施，或者奖励措施与制度藏在了抽屉里没有进行公示。对于员工来讲，多一事不如少一事，反正提出改善也没有什么好处，所以不愿意提出改善。

（2）没有配合不愿意。改善，很多时候是需要多方的努力配合才能够实施，员工提出改善之后，往往需要横向部门的配合协作。但是一些企业由于改善的氛围不和谐，导致改善配合的力度减弱，员工认为改善是我提出的，但是后续的改善执行方面，其他部门的人不配合执行，所以，后续的改善，我再也不愿意提出了。

3. 不实施

（1）自己提自己改善。从精益的角度出发，改善是需要触发员工的改善思维的，员工当然不能一直提出改善的问题而不参与实施。从改善的第一原则出发，一线员工是改善的第一责任人，但也并非改善唯一的人选。当提出改善的员工遇到困难时，改善小组的组长有义务帮助员工开展改善。

（2）部门相关协作差。改善实施的过程中，部门配合支持的力度需要加强，部门之间的配合差导致提出的改善没有被实施，进而遏制了员工再次提出改善提案的欲望。所以，加强改善提出之后相关部门配合执行的力度与可视化进度是至关重要的环节。

（3）时间周期控制弱。员工提出改善，改善的内容也在相关责任人的配合下开始执行，但是，执行的结果与进度却不受控，这种改善的结果往往是不了了之。有效地控制改善的周期，使改善的结果能够可视化，做到现状共有、改善进度共有、改善结果共有是非常重要的。

（4）相关改善跟进难。改善的进度往往是企业推行改善的难题之一，改善进度由谁负责跟进？用什么样的方式跟进？跟进的结果向谁汇报？由于推行改善之初没有制定相应的流程与制度，导致后期的改善进度跟进出现问题，最好的解决方式就是事先明确相应的流程。

4. 不花钱

（1）没有改善的基金。一些企业对于改善的内容缺乏清晰的认知，认为改善就是小打小闹，成不了什么气候，也帮助不了企业长远的发展，所以，对于改善的策略就是放之任之，任其自由发展。缺乏对于改善的力度，没有设立一些改善的基金支持。

（2）没有奖励的制度。对于改善，每个企业都需要拟定一些奖励制度，并将奖励制度进行公开、公平、公正的说明，以确保每一位员工都能够清楚地知道改善是有奖励的，公司是鼓励员工进行改善的。

为了消除提案改善在推行过程中的障碍，必须制定一系列的措施，可以从三个方面着手破解提案改善推行的障碍。

（1）破解制度障碍：组建改善小组，组建评审委员会，制定改善管理制度、激励方式、改善跟进流程、改善扩展方案。

（2）破解文化冲突：召开提案改善启动会议，每月进行提案改善发表，提案改善参与率、提案数量、提案改善数量统计，现场可视化管理，改善氛围营造（现场可视化、精神激励和物质激励）。

（3）破解技术难题：对浪费进行全员培训，对改善进行全员培训，分层级进行技能的培训，培养改善的种子，开展寻宝活动，开展改善之旅。

为了更加有效地推行改善，营造全员改善的氛围，必须遵守改善的推进要点：

改善推进要点1：彻底排除流程中的无用功，使问题凸显出来，再对出现的问题进行改进。

改善推进要点2：当一切变得没有问题时，就此满足那就意味着要被淘汰了。

改善推进要点3：立足现场现物，充分把握现实。挑战我们应该达到的状况，打开积极的心态，打开现场，打开心扉。

改善推进要点4：进行改善革新必须亲自带头做，持续不断地做，从现场找出根本原因，现场是最真实、最能反映情况的。

改善推进要点5：现场能感觉到是问题的，必须立即行动，并不是100%考虑完全了才动手干，而是边行动边改善。

改善推进要点6：在人、设备等不变的情况下，先从作业方式着手，稳定后对安全、设备等启动改善，持续改善。

改善推进要点7：用行动体现效果，也只有行动才能有效果，任何空谈都毫无意义。

改善推进要点8：要达到效果，首先关注培训，用最有效、最生动、最形象的语言做培训员工工作。个人价值诉求不要没有中心，各阶层的诉求都不一样，每个环节的价值诉求也不一样，关键要让员工了解清楚，描述出来后共同行动与兑现就是结果。

改善推进要点9：尊重现场、尊重员工，调动全体员工积极性，激活全体员工智慧。以"尊重个人"为基本思想，相信个人具有无限的力量，致力于强化在此基础上进行的"人才培育"。

改善推进要点10：每个人都想实现自身的价值，都想对别人有所帮助，让每个员工从事有价值的劳动就是对于他们人性的最大尊重。管理人员是协调员、教练、支援者、老师和新思想宣传者，他们依靠工人来工作，而不只是发号施令，驱使工人工作。员工被认为是诚实的、聪明的、有判断力的和可信赖的，这些看法给员工以安全感、自信心和自尊心。在这种较为宽松的环境下，员工可以发挥出自己最大的主观能动性，同时可以获得最大的满足。

有些公司以基层员工的提案数量作为衡量中基层管理干部的绩效指标之一，并要求干部须协助作业人员提出更多的建议提案。有些公司规定每一部门每月须提出一定数量的提案，以便整个公司能投入改善的活动，提高公司的竞争力。但是因为有些中高层主管不具备改善观念，只是单纯将提案制度看作一项制度去推行，最后不是各部门应付了事，就是草草收场，这样的结果到处可见，其原因正是企业中从上到下并未具备改善的观念，也未将改善变成工作与生活中的基本哲学，这种情况下导入提案制度，当然看到的以为是一项制度而已，具有这样的肤浅认知，最后失败也就不足为奇了。

第四节　班组的人才育成

一、为什么班组要做人才育成

当今面对持续低迷的经济大环境，以及日益激烈的市场竞争，人才的竞争自然成为企业的头等大事，这也是众多企业能否成功转型的关键。从某种程度上说，谁拥有并能合理配置一流的人力资源，谁就能在未来的市场竞争中做到处变不惊、稳操胜券，而班组长处于公司组织架构中的地基位置，地基不稳，企业难以持续稳固发展下去。

十年树木，百年树人。在如今资金、技术、产品这些看得见、有形的东西容易得到，而人才往往可遇不可求，需要企业管理者用心去经营，用时间去培养。无数成功企业的经验证明：造物先育人，只有先培养出合格的人才，尤其是培养出优秀杰出的班组长，才能最终造出合格的产品。优秀的企业无一不是秉承了"育人先于造物"的准则。

目前，中小民营企业普遍面临的一个问题就是如何留住人才和如何培育人才。很多企业对于人才的培育缺乏耐心与信心。导致很多企业喜欢从外面花高薪聘请高级人才，这些高薪人才进入企业后往往发现水土不服。如何才能突破这种现象呢？每一个企业都需要一套适合自己的人才育成法。只有在企业内部培育出的人才，才是最了解企业情况、最能为企业创造价值的。

很多企业的领导喜欢告诉员工答案，让员工按照自己的方式去做事，他们认为员工只需要执行就够了，不需要知道为什么这样做，也不需要思考如何去做。因为他们认为人的思想变化不重要。但是他们不知道的是学习掌握了缺乏灵魂的工具和方法，只不过是表面的形式，最终的结果是功亏一篑。

二、人才育成的定义

真正的人才育成是需要上级主管通过日常工作的实践，对部下进行培育的，通过向部下或者后辈进行示范说明，有意识地教授工作上的必要知识和技能，并使其掌握。

育人是指在产品生产过程中，员工能够通过制造产品得到成长，得到成长的人进一步制造出更好的产品，制造产品和人的关系的本质是两者都实现了良性循环。这样的循环过程能够让人和组织都得到成长，同时企业也能够实现良好的发展（图6-14）。

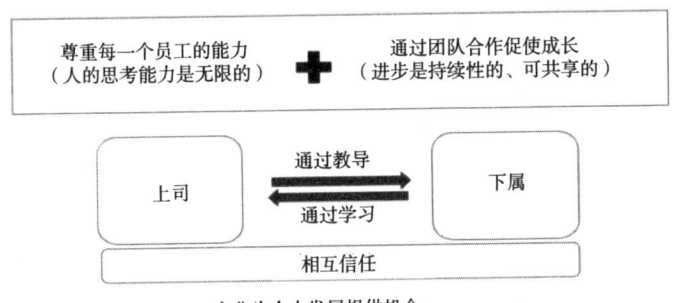

```
┌─────────────────────────────────────────────────────────────┐
│  尊重每一个员工的能力    ➕  通过团队合作促使成长          │
│  （人的思考能力是无限的）    （进步是持续性的、可共享的）  │
└─────────────────────────────────────────────────────────────┘

        ┌──────┐   通过教导   ┌──────┐
        │ 上司 │ ←――――――――→ │ 下属 │
        │      │   通过学习   │      │
        └──────┘              └──────┘
        ┌─────────────────────────────┐
        │         相互信任            │
        └─────────────────────────────┘
           企业为个人发展提供机会
        员工在工作中找到成就感和实现自我价值
```

图6-14 育人示意图

在企业发展过程中，如何将员工的个人梦想和目标与公司的目标统一起来是部门主管的重要任务所在。所以，主管需要和部下经常进行沟通，正是这种沟通，孕育了育人的精髓。当员工的梦想和公司的方针达成一致时，员工才会焕发出生机，发挥出强大的力量，从而快速成长。

当一个人遇到一个能够展示自己的舞台时，便会自然产生一种再加把劲儿的想法。在自己努力的过程中，便会自然地产生自信，于是会有再次迎接更大挑战的勇气。部门主管要对员工的成长进行帮助，并一直予以关注。在持续关注的过程中，便会产生一种信赖的关系。

三、如何做好班组的人才育成

"上边千条线，线线都要班组来实现"，企业的班组起到承上启下的桥梁枢纽和组织落实作用，公司的方针、目标及各项工作任务，分解落实到班组，由班组落实到每个工种的岗位上。每一个班组的活动都是企业生产活动的一部分。

一个企业能够制造出好的产品，并且能够持续地制造好的产品，不仅需要先进的技术团队，更需要靠谱的班组长。班组作为企业组织结构的基石，是企业各项工作的落脚点，班组长管辖着一群能够直接为企业创造价值的员工。所以，班组长的育成之道值得研究与推敲。

对于班组长的育成方法，每个企业都有不同的方式，不过都具有相同的核心内容，如表6-21所示。

表6-21　班组长育成的5个步骤

步骤	步骤核心	详细内容
1	拟定班组长岗位说明书	班组长需要具备的知识内容、技能要点、态度核心，需要在班组长的岗位说明书中详细列明，作为后续新任班组长的岗位标准说明
2	把握现任班组长能力现状	通过查阅岗位说明书中的知识内容、技能要点、态度核心，对标现任班组长的基本情况，查找差异点
3	分析岗位标准与实际能力的差异	详细分析现任班组长的能力现状，结合标准的岗位说明书找出差异，这些差异的内容就是培育班组长的核心点
4	列出培育内容与培育计划	将培育的内容详细列出来，针对这些培育内容拟定培育计划，切记在工作中进行培育，而不是单独找一个培训室进行培训知识
5	培育后的跟踪辅导	跟踪辅导是培育后非常重要的一个环节，缺少跟踪辅导的环节，培育的效果会减少50%，所以一个完整的培育必须进行跟踪辅导

在培育班组长的过程中，不能想当然地进行随意的培训，将知识内容宣贯给班组长，这样的方式不叫人才育成。真正的人才育成是需要在工作实践中完成的。在工作实践的过程中，班组长的人才育成需要遵守6条原则：

第1条原则：相信班组长，给予稍高的目标

对于公司中的任何一个班组长，都要充分地信任，然后给他们分配稍高于他们目前能力的工作任务。在班组长工作的时候，决不能将答案告诉他们，而是要让他们自己思考，这时，班组长就会为寻找答案而努力，这个过程才是真正的培育班组长。

当班组长完成工作任务后，再将自己的答案与班组长的答案进行比较，有时，班组长的答案会更好，作为班组长的上级，需要勇于承认自己思考得不够全面，并坦诚地夸奖班组长。

在这个过程中，为什么不能直接给出答案，让班组长直接执行呢？原因有两点，第一点是让班组长知道他们自己思考的重要性，第二点是如果直接告诉他们答案，他们的思维会被束缚住。在思考的过程中，要鼓励班组长

"不要害怕失败"，因为害怕失败就什么也做不成，同时，在班组长思考过程中，作为上级要进行跟踪，传递出跟踪的信号，甚至创造更好的机会让他思考。

班组长的育人机制就是在这种工作任务完成的过程中，在建立的信赖关系中持续开展的。所以上级决不能直接说出答案，让班组长自己做做看更能说服人，培育班组长面对困难时的思考能力，让班组长自己找出解决问题的方法。

第2条原则：永远要记得在做得好时要进行表扬

小孩在活动中做得好的时候，我们会进行表扬，从而小孩会更加努力地开展活动。班组长在工作实践中，做得好时要进行表扬，这是育人的精髓所在，这也是普遍的真理。在做得好时谁都会很高兴，于是便会产生下次一定做得比这次更好的想法。

切记，在表扬班组长时，有一个非常重要的前提，就是只有班组长在超过以前的成绩时，才能被表扬。在表扬的时候，也是考验上级领导的时候，上级领导能否正确判断班组长的能力比昨天提高了，需要上级领导持续的注意力和判断力。表扬的行为也是上级领导能力接受检阅的时候，在培育班组长的过程中，上级领导也能够从中重新学习到很多新的知识内容。

第3条原则：要布置工作而不是布置作业

作业是指按照一定的步骤完成的工作内容，比如一线员工按照标准作业指导书的内容完成工序的作业。它有详细的步骤与实施内容，不需要班组长进行思考就可以直接执行。

工作是指一个整体的框架，至于怎么做和用什么方法、工具去完成，需要靠班组长自己的知识和技能来确定。

当上级领导给班组长布置的是一项作业时，班组长不需要思考，直接去做即可。在做的过程中，也不会下很大功夫，自然也不会产生什么兴趣。当然，班组长在作业的时候，作业熟练度肯定会提升，但是能够得到的知识与技能却是很少的。

如果上级领导给班组长布置的是一项工作，班组长就会思考，怎么才能在规定的时间内完成，用什么样的方法完成才能做到成本最低，遇到困难时需要哪个部门的人来协作完成等。所以，当班组长接到的是工作时，便会产生一种责任感，这种责任感会督促班组长有做好的意识。这种意识驱使着他在工作中变得主动，从而更容易完成工作，带来好的结果。这样持续的成功的经验积累能够使班组长的能力得到提升。

第 4 条原则：做事不对人的原则。

上级领导给班长布置了工作，如果班组长没有做好，一般上级领导会说："小张，这都是你的错，你怎么连这点事儿都做不好，亏我这么信任你。"这是传统上级领导对于班组长在工作过程中出现错误时经常说的话。但是，在优秀的育人体系里，一般不会这么说，而是采取这样的说法："这个不是你一个人的错，是交给你的方法有问题，所以，我们需要把方法改一下，修正一下标准就可以了。"

这两种不同的表达方式说明了两种不同的育人机制。一般的做法会使班组长失去信心，而采取育人的方法，由于是方法的问题，因此班组长不会受到伤害，讨论的是方法标准的问题，使班组长认真思考，找出对策，这样的环境才是班组长成长的环境。这就是对事不对人的原则。

第 5 条原则：重复问 5 次"为什么"

在遇到问题时，不要有任何成见，以一张白纸的状态去观察现场，然后要对着问题不断重复问 5 次为什么。当班组长对着问题找到一个原因之后，还需要继续针对第一个原因追问为什么，这样一直持续地问下去。5 是一个量词，不代表每次问问题都需要重复问 5 次，问的原则是找到问题的根源为止。当重复问为什么的次数多了之后，答案自然就会显现出来。重复地问 5 次"为什么"是一种对于问题所持有的科学态度。

参考文献

[1] 德鲁克. 组织的管理 [M]. 王伯言，沈国华，译. 上海：上海财经大学出版社，2003.

[2] 刘秀堂. 200 张图表学精益管理：IE 工厂效率提升方法 [M]. 北京：中华工商联合出版社，2020.

[3] 日本 OJT 解决方案股份有限公司. 丰田思考法：丰田的问题解决之道 [M]. 朱悦玮，译. 北京：北京时代华文书局，2015.

[4] 远藤功. 现场力 [M]. 林琳，译. 北京：中信出版社，2007.

[5] 莱克，梅尔. 丰田模式（实践手册篇）：实施丰田 4P 的实践指南 [M]. 王世权，等译. 北京：机械工业出版社，2012.

[6] 帕特里克·格老普，罗伯特·J. 朗纳. 精益培训方式：TWI 现场管理培训手册 [M]. 刘海林，林秀芬，译. 广州：广东经济出版社，2009.

[7] 杰弗里·莱克. 丰田汽车案例：精益制造的 14 项管理原则 [M]. 李芳龄，译. 北京：中国财政经济出版社，2004.

[8] 彼得·圣吉. 第五项修炼·实践篇：创建学习型组织的战略和方法 [M]. 张兴，译. 北京：东方出版社，2002.

后　记

　　学习研究永无止境，这也意味着本书所阐述的观点只是作者在当下时间的理解与感悟，每个人都需要持续地改进与学习，随着时间的推移，思想在持续地更新变化。当然，可能书中也会有读者难以理解之处。更多的时候，只是作者在管理过程中结合自己的知识与经验想到的一些管理的感悟与解决问题的见解，既然是解决方法，就永远没有最好的答案，精益推崇的是持续改善。

　　如您在阅读过程中，针对某些篇章，有任何的感悟或者书中呈现的一些内容您有不明白之处，欢迎来电与作者沟通，共同促进企业班组长的能力提升，为企业持续发展奠定坚实的基础。

　　精益的思维会一直持续延展，精益的工具会一直持续转化，精益的核心内容是：持续改善将是永恒不变的主题。在企业发展过程中，相信会有越来越好的思想理论迸发出来提供给爱学习的人。

　　在此，非常感谢在工作中陪伴我的客户们，是他们提供给我非常丰富的案例，督促我持续思考；在咨询的路途中，经常和车间的班组长沟通，正是与他们点滴的沟通促成了我持续深度的思考；也正是这些实实在在的案例，才能有今天这本书的出版。感谢在工作中一直和我一起成长的同事们，陪我一起在工作中不断探讨研究，才使得我的思维不断转换、不断升级；感谢细心和耐心并存的编辑，持续帮助我改正描述不清晰的地方；也要感谢一直鼓励我、激励我成长的妻子，是她一直努力照顾好家庭，可以让我安然无忧地安心工作。

　　班组长是帮助企业实现盈利能力的最后一关，也是最重要的一关，中国生产制造型企业的未来，不仅要看研发能力，还要靠能够将研发变成现实的基层班组长。努力实现基础班组长能力的蜕变，从传统班组长转变成精益班组长，这个过程不会一帆风顺，一定是布满荆棘的，需要班组长清晰认知自己的岗位、锻炼自己的总结能力、激发自己的发言欲望、展现登台的魅力、实现可视看板操作、持续现场改善提升。只有这样，才能将班组长彻底从传统班组长转变为精益班组长。